물 사 물
생 활 자

시인의 사물 이야기

물 사 물
생 활 자

신영배

차례

달빛과 당신 곁에 놓을 사물입니다.

01

여행가방

창문을 열어두었다.
손끝에 물병을 열어두고
발끝에 여행가방을 열어두고
감은 눈은 어딘가를 열지 못해서
밤은 색깔이 없었다.

그녀를 이해하기 위해선 그녀의 방에 있는 사물들을 이해해야 한다. 주저앉으며 물렁해지는 의자를 이해해야 한다. 창가에서 바람을 모으는 모자를 이해해야 한다. 달을 향해 뛰어오르는 구두를 이해해야 한다.

그녀와 마주선 여행자를 위하여,

네 권의 시집을 이해해야 한다. 잠시 머무는 도시에서 짐처럼 꺼내는 시집을 이해해야 한다. 길 위에서 낡은 신발과 함께 읽는 시집을 이해해야 한다. 어둠 속을 헤매는 시집과 달빛에 공중으로 떠오르는 시집을 이해해야 한다.

그녀와 여행자 사이, 그러니까 나와 그녀 사이,

그녀와 나 사이,

그 사이에 놓인 여행가방을 이해해야 한다.

여행가방은 보이지 않고, 소리 나지 않고, 방향이 없고, 하지만 떠날 수 있는 물사물이다. 낡았고, 물에 젖어 있고, 무겁고, 하지만 날 수 있는 물사물이다.

꿈의 말을 잃어버린 날들, 어둠 속에서 말을 떠올리며, 말을 찾아가는……

여행가방은 벌어지고, 꿈꾸는 물사물이다.

02

의자

감은 눈은 어딘가를 열지 못해서
밤은 색깔이 없었다.

방으로 초대된 그는 우두커니 서 있었다.

"거기 의자에 앉아."

그녀가 가볍게 눈짓을 했다. 그는 두리번거렸다. 의자를 찾아야 했지만 주저앉으며 물렁해지는 의자는 보이지 않았다. 그는 바닥에 앉았다. 구석이었다.

"아, 내가 의자를 어떻게 해버렸지."

그녀는 깜박했다는 표정을 짓고 그에게 술병을 건넸다. 구석이었다.

‘그는 말을 줄일 줄 아는 사람이다.’

그녀는 그가 좋았고, 또 그가 안심되어서 주저앉으며 물렁해지는 의자를 잡아채 그 위에 앉았다.

‘이런!’

그녀는 바닥으로 나동그라졌다. 의자에서 미끄러지고 말았다.

그가 웃었다. 그녀도 웃었다.

그녀가 말한 의자는 눈에 보이지 않고, 손에 닿지 않고, 하지만 부드럽고, 앉을 수 있는 물사물이다.

물사물에 다가가며 그녀는 실수(실패)할 때가 있다. 혼자가 아닐 때 간혹 그녀는 물사물에서 미끄러진다.

그녀는 탁자 앞에 가까이 다가가 앉았다. 탁자는 눈에 보이고, 딱딱하고, 하지만 흔들리고, 술병을 올려놓을 수 없는 물사물이다.

그녀는 술병으로 탁자를 탁탁 건드렸다.

그가 또 웃었다. 그녀도 웃었다.

그녀와 그의 웃음 사이엔 거리가 있고, 그 거리는 둘의 관계를 정리했다. 그녀는 물사물을 두고 생활하는 자고, 그는 그녀를 조금 이상하게 여기면서도 웃을 수 있는 초대된 자다. 초대된 자가 그녀를 전혀 이해하지 못하는 것은 아니다. 도시에 방을 두고 생활하는 사람이라면 누구든 이 웃음의 거리에 놓여 있다.

물은 상상한다. 웃음의 거리에 부드럽게 놓일 사물을.

그는 떠났다. 세 번째 웃음이 둘의 거리를 크게 벌렸다.

그가 떠나고 나서야 그녀는 물의자에 앉았다. 물의자에 앉아 그녀는 방으로부터 도망치는, 아니 방으로부터 달리는 남자의 소리를 들었다.

그녀는 기울어졌다. 물의자도 기울어졌다. 하지만 부드러웠다.

03

열두 개의 서랍

그녀의 방에는 많은 물사물이 있다. 그 수는 어제 열었던 냉장고와 오늘 연 냉장고를 따로 세는 것과 같아서 한없이 부풀릴 수 있다.

그녀는 많은 물사물 속에서 생활한다. 도시에서 1인 가구들이 불을 켤 때, 삼십 개의 가방과 생활하는 사람, 육십 개의 신발과 생활하는 사람, 구십 개의 외투와 생활하는 사람, 백팔십 개의 티브이와 생활하는 사람, 삼백육십 개의 안대와 생활하는 사람…… 이 모두가 한 사람일 수 있고, 그녀도 이 한 사람과 다르지 않다.

단지 모든 사물이 인터넷으로 연결될 때 그녀의 물사물은 미끄럽다. 인터넷에 연결되지 않고 그 바깥이거나 그 내부이거나, 미끄럽다.

물사물은 켤 수 없고, 명령을 내릴 수 없고, 거래할 수 없고, 소비할 수 없고, 하지만 꿈에 연결되어 있고, 하지만 정의할 수 없고, 하지만 생활에 놓여 있다.

그녀는 잠이 들며 서랍을 열었다, 열었다, 열었다, ……

04

찻잔

그녀와 나는 물사물로 대화한다.

탁자 위에 찻잔이 놓였다.
“말을 줄여.”
그녀가 말했다.
“말을 줄이면 꿈에 닿을 수 있을까?”
나는 그녀를 바라보았다.

찻잔은 닿을 수 없고, 기울일 수 없고, 하지만 향기롭고 따듯한 물사물이다. 나는 찻잔을 들었다. 그녀도 찻잔을 들었다.

나는 말을 줄이려고 노력했다. 그녀를 안심시키려고, 우리의 관계를 깨지 않으려고 노력했다.

나는 시 속의 그녀를 이야기 속의 그녀로 바꾸는 자다. 이때 나는 물사물을 쓴다. 물사물은 풀수록, 덧칠할수록, 마를수록 어두워지는 물감 같아서 이 글은 망치기 쉽다.

밝은 물감을 칠한다. 길이 마른다. 그녀가 걸어간다. 이 길은 이야기 속이고, 조금 낯설고 무료하고 쓸쓸한 여행이다. 이야기 속에선 바람이 불고, 나와 그녀는 바람을 따라가는 여행자다.

"창문 좀 열어줘."
그녀가 말했다.

그녀는 이야기 속으로 나를 끌어들이는 자다. 이때 그녀가 쓰는 물사물은 매혹적이다. 다른 곳을 열 수 있을 것만 같다. 나는 그 물사물에 끌린다.

'어디일까?'

나는 조용히 움직여 창문을 찾아냈다. 그리고 열었다.

달빛……물……

나와 그녀 사이에 물사물이 놓여 있다. 나의 오른쪽에, 그녀의 왼쪽에……

우리가 찾아야 할 것은 무엇일까.

05

술병

그녀는 구석을 들여다보았다. 어둡게 말린 장판 속에 술병이 들어 있었다. 그가 놓고 나간 초록 술병. 그녀는 그것을 꺼냈다.

그녀는 탁자로 다가갔다.

다시, 탁자는 눈에 보이지 않고, 흔들리고, 하지만 물렁하고, 음악소리가 나는 물사물이다.

그녀는 탁자 위에 초록 술병을 내려놓았다. 물탁자가 초록 술병을 빙글빙글 돌렸다.

나는 그녀와 마주앉아 있었다.

"들려?"

초록 술병이 굴러갔다. 나는 그것을 따라갔다. 그가 골목으로 들어갔다. 나는 그를 따라갔다. 그가 계단 위에 있는 작은 방으로 사라졌다. 밤이었다.

나는 그의 방에 들어간 적이 있다. 사랑을 찾기 위해 방이 필요한 것도 아니고, 밤이 필요한 것도 아니고, 하지만 나는 그의 방과 밤을 찾아갔었다.

달빛이 필요했다. 방을 감쌀 달빛이, 밤을 밝힐 달빛이, 우리가 줄인 말을 반짝여줄 달빛이!

하지만 우리의 말은 줄지도, 반짝이지도 않았다. 나는 그의 방에서 뛰쳐나왔다. 어떤 말, 눈빛과 입술과 손끝의 말. 그것이 그려내던 어떤 사물. 그것은 내가 받아들일 수 없는 그의 물사물이었을까?

사랑을 닮지 않은 가장 거친 사물을 발로 차며 나는 길을 걸었다. 나의 발끝에서 술병이 굴러갔다.

우리는 서로의 방에서 도망친 기억이 있다.

방이란, 도시에서 한 칸의 방이란, 집이라는 주소지의 방이란, 인터넷이 연결된 방이란, 문을 열고 닫는 방이란.

초대된 두 발과 방이란, 초대한 두 손과 방이란.

그의 방에서 도망친다는 것은, 그녀의 방에서 도망친다는 것은, 도망쳐서 결국 닿은 곳이 방이라는 것은.

물은 꿈꾼다. 달빛에 반짝일 가장 짧은 말을.

그날 발로 찬 거친 사물은 어디론가 사라졌다. 그 사물은 나의 발 대신 도시를 헤매고 다닐 것이다. 그러다가 내가 달빛에 반짝이는 말과 방과 밤에 빠져들 때, 그

사물은 사랑을 닮은 부드러운 모서리로 나타날 것이다.
그리고 나의 물사물이 될 것이다.

06

물안경

그녀는 자다가 깨어났다. 열린 창문으로 달빛이 들어왔다. 그녀는 일어나 발끝에 여행가방을 열어두었다.

나는 무엇을 감추고 싶었을까. 검은색 뿔테 안경을 쓰고 집을 나섰다. 짐을 가득 넣은 백팩을 메고 커다란 손가방을 들었다. 길 위였다. 안경이 가려줄 거라고 생각했다. 슬픔, 두 눈의 몸을 가진 슬픔.(감추고 싶은 산문을 예감했다.)

평소엔 안경을 쓰지 않는다. 희미한 것을 희미하게 본다. 그날은 정확히 보아야 했다. 안경이 그렇게 해줄 거라고 생각했다.

그 여름, 나의 뜨겁고 가장 큰 물방울의 일.

안경을 쓰고 나는 누구를 만났나? 강아지를 맡아줄 사람을 만나고, 강아지와 헤어지고, 엄마가 차려준 밥을 먹고, 아무런 말을 안 하고, 은사님이 사주는 점심을 먹고, 잘 웃는 후배를 만나고, 바다만 보고. 또 누구를 만났나? 의사를 만나고, 달려온 친구를 만나고, 떠날 친구를 만나고……

모두 만나고 난 뒤 혼자가 되었을 때 나는 안경을 벗어 창가에 놓았다. 창가로 달빛이 들어왔다. 나는 얼굴 아래로 뭔가를 떨어뜨렸고, 두 눈이 그것을 찾아 나섰다.

눈물 덩어리를 찾아냈을 때 안경이 반짝였다. 안경이 눈물 덩어리로 놓여 있었다.

아무에게도 보여주고 싶지 않았던 눈물이, 똑똑히 보고 싶었던 눈물이, 그 덩어리가 나를 바라보고 있었다.

물안경.

달빛이 밝고, 눈물로 옮긴 나의 물사물!

그녀는 다시 잠이 들었다. 머리맡에 놓인 책이 한 장 한 장 저절로 펼쳐졌다.

침대가 하나 놓인 병실.

바다가 나오는 페이지에 물안경이 놓여 있었다.

물안경은 반짝이고, 가볍고, 공중으로 떠오르는 물사물이다. 눈물방울들을 끌며, 밀며 공중을 돌아다니는 물사물이다. 혼자라는 식물이 몸에서 자라날 때 그 식물에 물방울을 떨어뜨리는 물사물이다.

07

원두분쇄기

그녀는 한낮에 눈을 떴다. 그가 앉아 있던 곳은 어두웠다. 구석이었다.

그녀는 물을 마시고, 음식을 조금 챙겨 먹고, 가벼운 옷을 입었다. 그리고 책 위에 놓인 물안경을 집어서 썼다.

둥근 안경알 속에서 파랗게 물이 차올랐다.

그녀는 여행가방을 끌고 밖으로 나갔다. 햇빛에 물안경이 반짝였다.

길이 파랬다. 그가 지워지지 않고, 길이 파랬다. 술병

굴러가는 소리가 나고, 파랬다. 지울 수 있을까? 파랬다.

걸었다.

상점들이 있는 거리로 들어갔다. 사람들이 분주하게 거리를 지나다녔다. 슬쩍, 사람들 사이에서 상점 하나가 문을 열었다. 희미하고, 향기가 났다. 하지만 사람들은 그것을 찾지 않았다. 나는 그 문으로 들어갔다.

파랗고 낯선 곳으로
가라앉고 가라앉고,

여행은 어디에 닿을 수 있을까.

카페 안쪽에는 커다란 로스팅기계가 있었다. 전원이 꺼지고 고요한 사물. 그녀는 그 기계가 혹시 물사물이 아닐까 하고 두드려보았다. 주인 여자가 웃었다.

그녀는 커피를 주문하고 서 있었다. 주인 여자의 손

끝에서 사물들이 움직였다. 딸그락거림과 어떤 순서. 그리고 음악.

스위치를 누르는 손이 있었다. 전동 원두분쇄기가 요란하게 돌아갔다. 잠시 후 거름종이에서 검은 물방울이 떨어졌다.

커피 한 잔이 눈앞에 놓였다. 그녀는 그것을 가까이 들여다보았다. 짙은 향기가 다른 곳을 열 수 있을 것만 같았다.

"창문 좀 열어줘."

그녀는 중얼거렸다. 주인 여자가 웃었다.

천천히 커피를 마셨다. 아주 느린 손과 집에 있는 원두분쇄기를 떠올렸다. 손으로 움직여야 하는 그 원두분쇄기는 오래되어서 잘 돌아가지 않았다. 힘을 들여서 겨우 원두를 갈아낸 다음, 커피를 내리면 맛이 아주 별로였다.

망가진 사물. 그녀는 그것을 방에 두고 있었다. 그것은 버려지는 쪽에 있었다. 그녀는 물사물과 함께 그쪽을 붙들고 있었다.

그쪽.

버려지는 쪽, 낡고 어두운 쪽, 망가진 쪽, 그런 말의 쪽, 하지만 상상이 오래 가는 쪽, 꿈 쪽, 떠올리는 말의 쪽.

그녀는 계속 커피를 마셨다. 커피는 점점 희미해졌다.

파랗고 낯선 곳으로

가라앉고 가라앉고,

08

물구두와 물모자

그녀는 여행가방이 열려 있는 것을 보았다. 들여다보니 안이 비어 있었다.

"구두를 못 보셨어요? 여기까지 끌고 왔는데."

그녀는 주인 여자에게 말했다. 주인 여자는 어리둥절한 얼굴로 그녀의 구두를 내려다보았다.

"여행가방에 넣어온 구두예요. 아, 모자도 사라졌어요."

그녀는 안절부절못했다. 하지만 그녀의 말은 소리가 거의 없었다.

그녀는 여행가방을 끌고 카페를 나왔다.

'어디에 떨어진 걸까?'

그녀는 걸어왔던 길을 다시 걸어갔다. 물안경이 햇빛에 반짝였다.

구두와 모자를 찾아야 했다.
구두는 여행 끝까지 가는 물사물이다.
모자는 여행 속을 날아다니는 물사물이다.

찾아서 신었을 때 반짝일 물구두.
찾아서 썼을 때 떠오를 물모자.

09

침대

나는 카페에서 좀 더 기다렸다. 3시와 4시 사이에 우리는 만나기로 했다. 4시가 지났지만 그 친구는 오지 않았다. 오랫동안 만나지 않은 우리 사이에 빈 찻잔이 놓였다.

그 친구를 만나서 꼭 해야 할 말이 있었다. 나는 그 친구의 방에서 잤나, 안 잤나? 기억이 뚜렷하지 않다. 아주 오래전에 그 방에 초대되었고, 저녁을 먹었고, 술을 조금 마셨다.

개 한 마리가 돌아다니는 저녁이었고, 숨어 있던 고양이 두 마리가 서서히 나타나는 밤이었다.

우리는 침대에 같이 누웠는데, 개가 침대 위로 올라왔다. 고양이 두 마리도 올라왔다. 나는 얼어붙었다. 친구는 개와 고양이를 침대 아래로 내려가게 했는데, 그건 마치 장난을 치는 것 같았다. 개와 고양이들은 계속 침대 위로 올라왔다.

침대와 개, 침대와 고양이.

침대는 개처럼 소란스럽기도 하고, 고양이처럼 고요하기도 했다.

그 방을 나와서 나는 나의 방까지 한참을 걸어갔다. 그 친구는 몇 번 더 나를 방으로 초대했는데, 나는 거절했다. 그사이 개는 병이 들었고 고양이는 몇 마리 더 늘었다.

그 친구를 만날 때마다 어디선가 흰 털이 빠져나왔다. 이야기 속이었을까. 침대 위에서 시달린다는 환청 이야기, 개와 고양이들 때문에 장기 출장을 갈 수 없어 직장을 그만두었다는 이야기, 병든 개의 눈 이야기, 늘어나는 고양이와 어둠 이야기……

오랫동안 연락이 닿지 않는 사이, 개는 죽었고 고양이는 몇 마리로 늘어났는지 알 수 없었다.

어느 해에 나는 지인으로부터 강아지 한 마리를 떠맡게 되었다. 나를 괴롭히려고 온 동물처럼 강아지는 나의 많은 것을 물어뜯어 놓았다. 그 강아지는 자라서 개가 되었고 아니, 여전히 강아지였고, 나와 사는 가족이 되었다. 반려동물을 이해하는 데에는 시간이 오래 걸리지 않았다.

사람들과 만날 때 나의 이야기 속에선 흰 털이 빠져 나온다.

나는 그 친구를 만나서 꼭 해야 할 말이 있었다. 미안하다고, 그 방에서 도망쳐서, 그 개와 고양이들과 외로운 한 사람을 이해하지 못해서.

그 밤의 침대,

너의 물사물을 이해하지 못해서.

10

변기와 싱크대

나는 커피를 한 잔 더 마셨다. 한 친구를 더 기다렸다. 4시와 5시 사이였고, 날짜는 희미했다.

그 친구는 나에게 올까? 나는 그 친구에게도 미안하다는 말을 해야 했다.

우리는 한밤중에 방으로 들어갔고 아침에 눈을 떴다. 방은 아주 작았는데, 욕실에 문이 없었다.

내 기억이 맞는 걸까? 욕실에 문이 없었다. 혹시 문이 열려 있는 것을 내가 잘못 본 게 아닐까?

문이 없는 욕실은 주방과 이어져 있었다. 그러니까 변기와 싱크대가 아주 가까이 놓여 있었다. 그 사이엔 비닐커튼이 쳐져 있고, 그 비닐커튼엔 그림이 그려져 있었다. 어떤 그림이었는지 기억이 나지 않는다.

그 친구는 미술을 하는 사람이었고, 비닐커튼 한쪽에서 밥을 짓고 찌개를 끓일 수 있는 사람이었다. 나는 그 친구가 차려준 밥과 찌개를 맛있게 먹고 방을 나왔다.

이후에 우리는 어떤 말다툼으로 멀어졌는데, 나는 그것이 그 친구의 방에서 도망친 것만 같아서 그날의 풍경이 자꾸 떠올랐다. 그건 한 미술관에서 도망치는 나의 모습이기도 했다. 변기와 싱크대가 붙은 설치작품이 있고 비닐커튼이 마구 돌아다니는 어떤 전시로부터.

나는 그 친구를 만나서 미안하다고 말해야 했다. 변기와 싱크대와 비닐커튼과 사물에 부딪치는 한 사람을 이해하지 못해서. 너의 물사물을 놓치고 말아서.

5시가 넘었는데 그 친구도 오지 않았다. 나의 친구들은 왜 다 나에게서 도망쳤을까? 왜 나의 방으로부터 멀리 달렸을까? 만날 수 없지만 어디선가 출렁이고 미끄러지기도 할 우리들의 물사물을 위하여, 나는 이제 일어나 나의 길을 가면 된다. 그들이 자기의 길에서 3시와 4시 사이 그리고 5시 사이를 그냥 지나간 것처럼.

11

작은북

나는 카페를 나왔다. 길 위였다. 그녀가 여행가방을 끌고 있었다. 우리는 같이 그것을 찾기로 했다.

"가까이 있나봐. 소리가 들려."

우리는 물구두를 상상했다.

"바람을 모으고 있을 거야."

우리는 물모자를 상상했다.

길은 알 수 없었다. 물구두는 보이지 않았고, 물모자도 찾을 수 없었다. 그녀와 나는 점점 걸음이 무거워졌다.

그녀가 지친 얼굴로 길가에 앉았다. 나도 지친 얼굴

로 길가에 앉았다.

그녀와 나 사이에 여행가방이 열려 있었다.

그녀와 나무 사이에 여행가방이 열려 있었다.

나와 공원 사이에 여행가방이 열려 있었다.

공연을 끝내고 4인조 밴드가 공원을 빠져나갔다.

작은북 소리가 경쾌하게 울렸다.

그녀와 나는 여행가방을 들여다보았다.

그 구두를 찾지 않아도 될 것 같았다. 그 모자를 찾지 않아도 될 것 같았다. 오지 않는 친구들을 그냥 오지 않게 두어도 될 것 같았다. 떠난 남자를 지워도 될 것 같았다. 여행가방은 비어 있어도 음악 소리가 났다.

그녀와 나 사이엔 써야 할 시가 있다.

그녀가 자리에서 일어섰다. 나도 일어섰다. 그녀의 두 눈에 파랗게 물이 차올랐다. 우리의 물안경이 햇빛에 반짝였다.

여행가방을 끌었다. 그녀와 나는 걸어갔다. 길은 알 수 없었다. 하지만 이미 물모자는 우리의 머리 위에 떠서 움직이고 있었다. 물구두 위에서 우리의 몸은 가벼웠다. 바람을 따라갔다.

닿은 곳은 방이었다. 나는 구석에서 초록 술병을 꺼냈다. 그녀가 손끝으로 초록 술병을 톡 건드렸다. 맑은 소리와 함께 초록 술병이 사라졌다. 우리는 까르르 웃었다.

밤이 찾아왔다.
"창문 좀 열어줘."
그녀가 말했다. 나는 움직여서 창문을 열었다.

달빛……

나의 왼쪽에, 그녀의 오른쪽에 물사물이 놓여 있었다. 우리는 마주 바라보았다. 같은 곳일 수 있고, 다른 곳일 수 있고, 하지만 떠오를 수 있고, 날 수 있고……

우리는 마주보다가 잠이 들었다. 같은 꿈속이었다.

손끝에 물병을 열어두고
발끝에 여행가방을 열어두고
감은 눈은 어딘가를 열지 못해서
밤은 색깔이 없었다.
바람이 어딘가를 열고 있었다.
머리맡에 놓인 책이
한 장 한 장 저절로 펼쳐졌다.
바다가 나오는 페이지에
물안경이 놓여 있었다.

물안경과 달밤,

물병을 더듬다가 여행가방을 더듬다가
그녀와 나는 물안경을 집어서 썼다.
파랗고 낯선 곳으로
가라앉고 가라앉고

하루 종일 만진 사물들이 입을 벌렸다.
그녀와 나도 입을 벌렸다.
말에서 말로
달빛이 어딘가를 열고 있었다.
여행가방이 한껏 부풀어올랐다.
물안경을 쓰고 그녀와 나는
두 다리를 오므렸다가 길게 뻗었다.
두 팔을 모았다가 넓게 펼쳤다.
달과 여행가방이 함께 움직였다.
검고 푸른 밤하늘을
그녀와 나는 헤엄쳤다.

12

꽃병

꽃병은 쓰러지고, 금이 가고, 하지만 공중으로 떠오르는 물사물이다.

나는 낡은 비디오테이프를 틀었다. 비디오테이프는 빛이 나지 않고, 하지만 돌아가고, 음악이 흐르는 물사물이다.

피오나 애플(Fiona Apple)의 뮤직비디오와 방이 겹쳤다. 그녀가 부르는 어크로스 더 유니버스(Across The Universe)의 영상 속에 내 작은 방이 비쳤다.

작은 방안에

그녀는 중력을 받지 않는 꽃병을 가지고 있다.

그녀는 문을 잠그고 기다렸다. 그들이 예전 그날처럼 올 것이다. 그녀는 오늘 그들을 초대했다. 초대하지 않아도 자주 악몽이라는 통로로 방을 침범하는 자들이다.

그녀는 화가 난 여자다. 화가 나 있다는 것을 열여덟 살 이후로 세상에 대고 소리지르는 여자다. 그녀는 오늘 그들에게 그렇게 할 것이다.

창문을 깨고 그들이 들어왔다. 몇 명인지 알 수 없었다. 침범하는 사내들은 같은 얼굴이고 똑같이 몽둥이를 들었다. 그들은 마구 몽둥이를 휘둘렀다. 닥치는 대로 사물들을 깨부수었다.

그녀는 서서히 구석에서 나타났다.

몽둥이가 여행가방을 내리쳤다. 여행가방은 찌그러지고 터지고, 하지만 아직 떠날 수 있는 물사물이다.

몽둥이가 물안경을 내리쳤다. 물안경은 금이 가고,

박살나고, 하지만 아직 물빛이 도는 물사물이다.

그녀는 사내들 앞으로 움직였다. 거울 속에 그녀의 모습이 비쳤다. 사내들이 몽둥이로 거울을 깨부수었다.

그녀는 벽에 깃털처럼 붙었다. 사내들이 벽에 대고 몽둥이를 휘둘렀다.

사내들이 침대 위로 올라갔다. 몽둥이를 들고 날뛰었다. 베개가 터지고 하얀 깃털들이 날렸다. 사내들은 몽둥이로 깃털들을 휘갈겼다.

그녀는 공중으로 떠올랐다.

탁자가 엎어지고 꽃병이 쓰러졌다. 사내들이 몽둥이로 꽃병을 내리쳤다. 꽃병은 깨지고, ……하지만 물사물이다.

꽃병이 공중으로 떠올랐다. 그녀는 꽃병과 함께 움직였다.

사내들이 책장에 몽둥이를 휘둘렀다. 시집이 바닥으

로 떨어졌다. 떨어져서 시집은 흔들렸다.

흔들렸다, 말이, 벌어졌다, 말이, 그녀와 나 사이에서, 떠올랐다, 흘렀다, 내가 당기는 그녀와 그녀가 당기는 나 사이에서.

꽃병 유영,

작은 방안에
중력을 받지 않는 꽃병이 있다.
꽃병은 탁자 위에 떠서 꽃을 흔든다.

사뿐히 공중에 떠올라
꽃병은 웃는다.

꽃병은 물을 쏟고
눈물은 공중을 걸어 다닌다.

꽃병은 말을 잃은 소녀들을 안고 있다.

소녀들은 희미하고
멈춘 단어들의 세계에서
얇은 팔들이 뻗어 나온다.

꽃병은 떠다닌다.
꿈 안쪽으로 팔 하나를 당기는 일처럼

작은 방안에
중력을 받지 않는 꽃병이 있다.

피오나 애플, 그녀는 화가 난 여자다. 화가 나 있다는 것을 열여덟 살 이후로 세상에 대고 소리지르는 여자다. 그녀는 다쳤고, 그녀를 다치게 한 사람들은 아무렇지 않다. 그녀는 피해 의식에 사로잡혔다. 그녀는 끝까지 징징대고, 끝까지 울고, 끝까지 노래를 부른다.

그녀는 10대 초반에 성폭행을 당했다. 열여덟 살은 그녀가 가수가 된 나이이다. 지금 그녀는 40대다. 계속 노래를 부른다.

방안, 그녀와 피오나 애플과 꽃병은 겹친다. 겹치는 부분에서 그녀는 공중으로 떠오른다, 꽃병도 떠오른다.

그녀와 꽃병이 공중에 떠다녔다. 나는 그녀와 꽃병 앞에 어떻게 나타나야 할지 망설였다. 사내들이 나가고 방은 고요했다. 방안엔 망가진 사물들이 흩어져 있었다. 나는 떨어진 시집을 주워 책장에 꽂으며 그녀와 꽃병 앞에 나타났다.

나는 말없이 방안을 돌아다녔다. 조용히 그녀의 노래를 들었다. 꽃병을 따라다녔다.

노래에는 반복되는 부분이 있다.

Nothing's gonna change my world
Jai guru de va om

비틀즈의 곡인 이 노래에서 'Jai guru de va om'은 산스크리트어로 '선지자여, 깨달음을 주소서'라는 뜻이라고 한다.

나는 이 노래를 흥얼거리며 시를 쓴 적이 있다. 반복되는 자리에 '물랑물랑'을 넣었다. 아무것도 바뀌지 않는 시에 '물랑물랑'을 넣었다.

그녀가 공중에서 내려왔다. 발이 젖어 있었다. 나는 쉽게 말을 걸지 못했다. 그녀는 예민해져 있었다.

"그들이 나의 노래를 들을까?"

그녀가 물었다.

"들으려 하지 않아도 들릴 거야. 불편하게."

내가 말했다.

"그들은 나의 초대를 아주 신나게 받아들였어. 몽둥이를 들고 날뛰던 걸 보라고."

그녀는 화난 목소리였다.

"세상은 바뀌지 않아."

그녀가 말했다. 40대가 되도록 노래를 부르는 그녀가 말했다. 나는 내가 가진 물랑을 생각했다.

"하지만 무엇도 나의 세계를 바꿀 수 없어."

끝까지 노래를 부를 그녀가 말했다. 나는 내가 가진

물량을 생각했다.

13

세상에서 가장 희미한 책

밤이 되었다. 창가에 달이 떴다. 그녀와 나는 바닥에 누웠다.

달, 창 바깥쪽인지 안쪽인지 알 수 없다. 달, 나무 위인지 아래인지 알 수 없다.

달 위에 꽃병이 놓여 있는 방
창문이 기울어지고
밖에는 길들이 떠오른다.
지나온 여러 겹의 발을 읽는다.

내가 밟았던 것은 무엇일까.

"희미하게 한 소녀가 보여."

나는 중얼거렸다.

"꽃병이 안고 있는 소녀야."

그녀가 중얼거렸다.

달이 꽃병을 떨어뜨렸다.

천장으로 물이 쏟아졌다.

그녀와 나의 발이 공중으로 떠올랐다. 동시에 나는 침대 위에서 눈을 떴다. 혼자였다.

달이 떠 있고, 달려온 소녀가 있었다.

그날 밤, 내 방으로 뛰어들어온 소녀.

소녀는 갈 곳이 없었나보다. 숨을 곳이 없었나보다.

내가 안산에 살 때였다. 20대 후반에 나는 안산 월피동에 있었다. 아이들과 함께 동화책을 읽고 글을 쓰는 일을 했다. 소녀는 내가 글을 가르치던 아이, 열 살.

소녀는 내 방으로 숨어들 듯 뛰어들어왔다. 무슨 일인지 물어도 소녀는 말이 없었다. 잠시 뒤 할머니가 찾아왔다. 소녀와 단둘이 살고 있던 할머니였다. 나는 소녀를 방안에 두고 문을 닫은 뒤 할머니와 이야기를 했다. 할머니는 먼저 소녀가 아주 고집스럽다고 했다. 나는 똑똑하고 글을 잘 쓰는 아이라고 했다. 할머니와 소녀 사이엔 다툼이 있었고, 소녀가 무턱대고 달아난 상황이었다. 할머니는 소녀를 혼자 키우는 이야기를 했다. 소녀를 떠난 엄마와 소녀에게 오지 않는 아빠 이야기. 그리고 백내장 이야기. 나는 고개를 끄덕이며 이야기를 들었다.

나는 방에서 소녀를 내보냈다. 소녀의 눈물을 조금 닦아준 뒤였다. 할머니는 돌아가며 나에게 고맙다고 했다. 소녀는 멋쩍은 표정을 지었나?

나는 그때 그게 최선이라고 생각했다. 하지만 시간이 지나면서 후회했다. 그 소녀를 하룻밤 데리고 잘걸. 소녀의 이야기를 한참 들어줄걸. 갈 데가 없어서 온 소녀인데, 어쩌면 엄마 대신 나를 찾아서 온 소녀인데.

이후로 소녀는 나를 다시는 찾아오지 않았다. 그리고 나는 얼마 있다가 안산을 떠나게 되었다. 떠나기 전에 나는 우연히 골목에서 소녀와 마주쳤다. 내 손엔 짐을 쌀 종이상자들이 들려 있었다. 소녀는 숨을 헐떡이며 달아나고 있었다. 나는 놀란 얼굴로 소녀를 바라보았다. 하지만 소녀는 나와 눈을 맞추지 않고 달려갔다. 곧 할머니가 골목으로 들어왔다. "이쪽으로 갔어요." 나는 급하게 말했다. 그게 다였다. 할머니 뒤를 따라 한 사내가 달려왔지만, 나는 그게 다였다.

소녀를 닮지 않은 사내 얼굴, 소녀를 닮지 않은 할머니 얼굴, 소녀를 닮지 않은…… 내 얼굴. 어느 악몽의 풍경이었다.

그때 소녀는 맨발이었나? 나는 왜 소녀를 놓쳤나? 나는 왜 그곳에서 급하게 방을 뺐나? 소녀는 어디로 갔나? 나는 그때 왜 그렇게 예민하지 못했나!

떠나 와서야 나는 상자 하나를 열었다. 그리고 그 속

에서 작은 종이책을 발견했다. 소녀가 직접 글을 쓰고 실로 묶어서 만든 동화책. 연필로 쓴 글씨가 점점 희미해지던 어떤 동화!

한때 소녀와 나는 같은 꿈을 꾸었다. 우리는 "나도!" 하며 동화 작가가 되고 싶다는 이야기를 했었다. 하지만 나는 예민하지 못했다. 소녀의 꿈에 대해서, 우리의 꿈에 대해서.

시간이 빠르게 흘렀다. 나는 소녀를 상상했다. 중학생이 되었을까, 나는 첫 시집을 냈다. 고등학생이 되고, 대학생이 되었을까, 나는 두 번째와 세 번째 시집을 냈다. 대학교를 졸업하고 뭔가를 하고 있을까, 나는 네 번째 시집을 냈다. 소녀는 동화 작가가 되기 위해 그쪽으로 가고 있지 않을까, 순수한 소녀는 시에 먼저 빠지지 않았을까, 그래서 그쪽으로 가고 있지 않을까.

그쪽.

그쪽이란 곳은 내가 있는 곳인가.

내가 무엇을 하고 있는 곳인가.

나는 상자 속에 작은 책 한 권을 가지고 있다. 아주 작은 책, 내가 무심한 사이 점점 희미해지는 책, 소녀의 책, 꿈에 대한 책,

세상에서 가장 희미한 책,

쓴 문장은 보이지 않고
꿈꾸는 문장만 보이는,

읽은 문장은 사라지고
꿈꾸는 문장만 나타나는,

14 | 피아노

다시 달 위에 꽃병이 놓여 있는 방
아니, 다시 달 위에 꽃병을 올려놓는 밤

시에 빠진 소녀들, 피아노 소리, 그리고 내가 있는 곳.

문단 내 성폭력이 트위터 해시태그를 통해 폭로되고 시인들의 추한 모습이 드러났다. 문예창작과 어린 학생들과 문학 지망생들을 향해 저지른 성폭력이었다. 그 시인들의 모습 곁에는 상황을 가볍게 넘기거나 모른 척하거나 예민하지 못한 시인들이 있었다. 내가 있는 곳이었다.

음악이 흐르고, 피오나 애플과 그녀는 계속 겹쳤다.

"나는 갈수록 말라가고 사나워지고 있어. 아무도 나의 예민함을 덜어가지 않아. 폭력에 대해 예민하지 않은 세상이야."

그녀가 퀭한 눈으로 말했다. 나는 누운 채 그녀를 바라보았다.

"하지만……"

그녀는 여행가방 속에서 피아노를 꺼냈다. 나는 그것을 보았다기보다 소리로 들었다.

피아노는 크고, 어둡고, 차갑고, 하지만 가볍고, 부드럽고, 반짝였다. 그녀가 피아노를 안았다.

물사물을 안고 그녀가 나에게 다가왔다. 물랑물랑, 그녀가 내 옆에 누웠다.

경복궁 근처에 있던 작은 출판사에 다닐 때였다. 청소년 문학잡지를 만들며 나는 기자 신분으로 고등학교

문학 청소년들을 만나고 다녔다. 예고 문예창작과 학생들이 많았고, 대부분 소녀들이었다.

우리는 시를 한 편씩 써서 만났고 시 이야기를 나누었다. 나는 이야기를 녹취하고 그것을 풀어서 잡지에 실었다.

녹취를 푼 원고는 아이들에게 확인하는 절차를 거쳤다. 그때 대부분의 아이들은 글로 옮겨진 자기의 말을 받아들였다. 그런데 한 여자아이가 나를 지적한 일이 있었다. '~인 것 같다'라고 표현한 문장이 자기의 말이 아니라는 것이었다. 그러니까 우리는 '시란 무엇인가'에 대해 이야기를 나누었는데, 나는 아이들의 대답을 다 '시는 ~인 거 같다'라고 표현했던 것이다. 내가 표현한 아이들의 말이란 수줍거나 자신감이 없거나 뭘 모르거나, 그런 것이었다.

그 여자아이는 '시는 숨소리인 것 같다'가 아니고 '시는 숨소리다'라고, 수정을 요구했다. 그것도 왜 함부로 남의 생각을 건드렸느냐는 상한 감정을 실어서.

나는 별로 중요한 문제가 아니라고 생각했다가 곧 실수를 인정했다. 내가 만난 아이들은 '시에 빠진 것 같은 소녀들'이 아니라 '시에 빠진 소녀들'이었으니까.

"내가 너의 예민함을 덜어가도 될까?"

나는 그녀에게 말했다. 물랑물랑, 그녀의 가슴에서 피아노 소리가 났다.

"내가 가질 수 있는 예민함은 아주 작고 소극적인 것이야."

나의 목소리는 작았다. 그녀의 소리도 작았다. 물랑물랑.

어딘가 한 문장, 어느 시 한 편, 어떤 말 한 마디, 단어 한 조각. 나는 예민해야 한다. 시를 꿈꾸는 것에 대한 것이라면.

어느 해 여름, 비가 내리는 저녁이었다. 중앙일보의 기자로부터 문자가 왔다. 문학상 예심을 하려고 하니 한 해에 발표한 시들을 모아서 보내달라는 것이었다. 나는 거부의 의사를 문자로 보냈다. 그런데 기자는 재차 그 뜻을 물었다. 나는 그게 기분 나빠서 답을 하지 않았다.

그때 피아노 건반을 누를 걸 그랬다.

물랑물랑.

문자를 보낼 걸 그랬다.

비가 내리고, 변하는 것은 아무것도 없는 저녁이라도 말이다.

다시, 달이 꽃병을 떨어뜨렸다. 물이 쏟아졌다.

그녀와 나의 발이 공중으로 떠올랐다.

그녀와 나의 가슴 위에는 피아노가 놓여 있었다. 부드럽고 반짝이는 우리의 물사물.

"나는 언젠가 소녀들과 마주칠 거야."

나는 건반을 눌렀다.

"숨소리?"

그녀가 건반을 눌렀다.

"나는 그 숨소리를 알아볼 거야."

"세상에서 가장 희미한 책."

"나는 그 책을 알아볼 거야."

"소녀들도 너를 알아볼 거야. 예민해진 너를."

"우리는 서로의 꿈을 알아볼 거야."

15

구두 1

나에겐 파란색 구두가 있었다. 반짝이는 에나멜 소재에 5센티 굽. 신촌의 작은 골목에서 산 구두였다. 아마도 봄과 여름 사이였을 것이다. 나는 그 구두를 신고 누구와 걸었나.

서교동에서 산울림소극장을 지나 창천동삼거리까지 걸었다. 밤에도 파란색은 빛이 났다. 하지만 구두는 굽이 닳아 뾰족한 쇠가 밖으로 튀어나와 있었다. 걸을 때마다 날카로운 쇳소리가 났다. 나는 너에게 그 쇳소리를 설명하며 무안했다. 그 구두는 예쁜 것처럼 보였지만 실은 싸구려였고 낡아 있었다.

너는 나의 집까지 그 파란색 구두와 함께 걸어주었다. 자정이 넘은 시간이었는데, 길 위에는 너밖에 보이지 않았는데, 나의 집은 조금씩 반짝이기 시작했는데, 그 밤.

미끄러지는 사이에,

너의 손은 닿지 않았다. 파란색에 닿을 것만 같던 그 밤에 너의 손과 나의 손은 흔들리다가 사라졌다. 하지만 아직 너의 손, 시를 쓰는 손.

반짝이는 사이에,

여행가방이 벌어지고, 빗소리가 들렸다.

그때의 파란색 구두는 어디로 걸어간 걸까.

다시 그 파란색에 닿을 수 없다. 파란색을 더 파랗게 만들던 그 소리에도 닿을 수 없다. 하지만 밤이 오고 바람이 불고 비가 내리면, 나는 물랑해진다.

그 구두를 찾을 수 있을 것만 같았다. 나는 신발장을 뒤졌다.

파란색 빛과 파란색 소리에 감싸이는 밤,

어디선가 파란색 나무가 흔들리는 밤.

미끄러지는 사이에, 반짝이는 사이에,

너와 나 사이에 구두가 놓여 있다.

구두는 놓여서 걸어가고 있었다. 어디로 가는 걸까. 그곳을 찾다가, 나는 다만 구두를 찾고 있다는 것, 그것이 그 장소라는 것을 알았다.

구두는 걸어가고 있었다. 물랑물랑 놓여서.

너와 나 사이에,

비가 내리고 나무 밑으로 뛰어들어간 너와 나 사이에
발이 가까워진 사이에
나무가 흔들리고 머리가 가까워진 사이에
닿지 않는 사이에

너는 알아들을 수 없는 귀를 가졌고
알 수 없어서 부푸는 몸을 가졌고
나는 푸른빛을 따라가는 눈을 가졌고
눈 아래 발을 가졌고
너와 나는 수시로 자리가 바뀐다.

너와 나 사이에,

지금 너는 물송이를 알아들을 수 없고
지금 나는 물송이를 쓰려고 하고
나는 지금 물송이를 쓸 수 없고
너는 지금 부푼다.

손에 빗물을 받는 사이에

너의 머리가 빗속으로 들어가는 사이에
발이 멀어지는 사이에
나무가 흔들리고 닿지 않는 사이에
써야 할 지금
단어는 물 한 방울

미끄러지는 사이에, 반짝이는 사이에,

너와 나 사이에,

16

구두 2

구름이 빠르게 흘러갔다. 바람을 이렇게 볼 수 있다니, 그녀는 물랑해진다. 나무가 흔들렸다. 바람이 이렇게 나를 볼 수 있다니, 나는 물랑해진다.

"구두를 찾으러 가자."

그녀가 물안경을 썼다. 나도 물안경을 썼다.

그녀와 나는 바람 속의 구두를 찾아 나섰다. 아니, 바람이 찾아낼 그녀와 나의 구두.

그러니까 우리는 그 밤에 사라진 구두를 찾아 나섰다. 그러니까 서울 창천동에서 인천 중산동으로 이사할 때 사라져버린 구두. 그 구두는 아직 창천동 그 집에 있을 것이다.

영종역에서 전철을 탔다. 창밖으로 갯벌이 펼쳐지자 그녀가 눈을 감았다. 여행가방을 사이에 두고 나도 눈을 감았다. 서로의 잠을 건드리다가 그녀와 나는 눈을 떴다. 지하 4층, 홍대입구역이었다.

계단을 걸어 지상으로 올라갔다. 출구 앞에는 낯익은 구두가 놓여 있었다. 약속을 미리 해놓은 엘의 구두.

나는 그녀에게 엘과의 약속을 설명했다. 그녀는 기꺼이 사라져주었다. 여행가방은 내 곁에 두고.

나는 엘과 걸었다. 5년 전에도 걸었던 길을 걸었다. 그때도 들렀던 식당에 들렀고 그때의 음식을 시켰다. 내 옆에는 여행가방이 놓여 있었는데, 그는 그것을 보지 못했다.

여행가방 이야기를 꺼낸다면 엘은 고개를 끄덕일 것이다. 하지만 그의 눈에는 더 이상 여행가방이 보이지 않았다.

테이블 위에는 그때의 말과 눈빛이 없었다. 하지만 지금의 말과 눈빛도 소중하다고 나는 생각했다. 엘도 그렇게 생각할까.

엘과 나는 오래된 찻집을 떠올렸다. 하지만 찻집을 찾아간다 해도 우리가 찾는 향기는 없을 것이다. 우리는 헤어졌다.

헤어질 때 우리 사이엔 여행가방이 놓여 있었다.
보이지 않는 것을 보지 않고 그가 걸어갔다.
보이지 않는 것을 끌고 내가 걸어갔다.

서로 안 보이는 곳에서
더 걸었다.

길모퉁이에서 그녀와 마주쳤다. 우리는 여행가방을 함께 끌었다.

마포평생학습관을 지나 골목을 걸었다. 그림자가 점점 진해지는 저녁이었다. 루프갤러리를 지나고 산울림 소극장을 지났다. 그녀와 나는 그 집을 찾아가고 있었다.

그 구두를 찾아야 했다. 그 집을 찾아가 문을 두드릴 것이다. 문을 열고 나온 사람에게 구두를 물을 것이다. 나는 5년 전에 살던 여자라고 말할 것이다.

창천동삼거리에 닿았다. 그녀와 나는 우선 카페로 들어갔다. 2층 창가에서 길 건너편을 바라보았다. 그 집이 보였다. 창천동 114-14번지 302호. 내가 오랫동안 살던 집이었다.

그 집에 이사 온 사람은 낡은 신발장을 열어보았을 것이다. 거기서 구두 한 켤레를 발견했을 것이다. 남의 신발을 그대로 두고 살았을 수도 있다. 혹은 바로 쓰레기통에 넣어버렸을 수도 있다. 혹은 아예 신발장을 들어서 내놓았을 수도 있다. 그 신발장을 어느 집에서 다시 들여놓았을 수도 있다. 아, 구두는 어디 있나!

그녀는 어디쯤인지 알 것 같다는 표정을 지었다. 그녀의 물안경이 반짝였다.

검은 물이 몸속으로 들어가고 있었다. 커피는 쓰기만 하고 향기가 없었다. 그날의 맛처럼.

나는 그녀에게 그날의 맛을 굳이 설명하지 않았다.

검은 물이 그녀의 몸속으로도 들어가고 있었으니까. 그날의 구두가 아직도 그녀와 나의 귓가에서 또각또각 소리를 냈으니까.

그날의 맛과 구두, 이별과 소리.

어둠 속에서 나는 집으로 가고 있었다. 초라한 집이 나를 기다리고 있었다. 집을 지나 더 걸었다. 뭔가를 지워보려고 발로 바람을 일으켰다. 화가 난 여자처럼 걸었다. 이상한 여자처럼 걸었다. 쓰러질 여자처럼 걸었다. 한참을 더 걸었다. 길을 잃어버렸다. 더 걸었다. 차가운 물에 닿았다. 누웠다. 누워서 하늘을 바라보았다. 달빛이 나의 발을 감싸고 있었다. 구두가 또각또각 소리를 내던 밤.

그녀와 나는 카페에서 나왔다. 가로등에 불이 켜졌다. 그 집까지는 낮은 언덕길을 걸어야 했다. 그녀와 나는 여행가방을 끌었다. 숨이 조금 차올랐다. 가스계량기가 다닥다닥 붙은 벽을 지났다. 그녀와 나는 건물을 올려다보았다. 302호는 어두웠다.

건물 안으로 들어갔다. 여행가방을 끌고 계단을 올라갔다. 계단은 우중충하고 먼지가 끼어 있었다. 3층에 발을 디디자 복도에 등이 켜졌다. 302호로 다가갔다. 문에는 전단지 여러 장이 붙어 있었다. 몇 호에선가 달그락거리는 소리가 났다. 그녀가 302호 문을 두드렸다.

무언가 함부로 던져지는 소리, 밤.

그녀와 나는 도망치듯 계단을 내려왔다. 여행가방이 바닥에 세게 부딪혔다. 건물을 나와 언덕길을 걸었다. 집을 지나 더 걸었다. 가로등이 사라지고 검은 나무들이 나타났다. 더 걸었다. 검은 숲이 나타났다. 더 걸었다. 숲이 점점 우거졌다. 더 걸었다. 환한 나무! 아! 구두를 찾는다면 이쯤일 것이다.

그녀와 나는 걸음을 멈추었다. 여행가방을 사이에 두고 그녀와 나는 서로의 발을 내려다보았다. 달빛이 우리의 발을 감싸고 있었다. 그녀와 나는 하늘을 바라보았다. 달이 떠 있었다. 우리가 찾는 구두가 거기 있었다. 어느새 그녀와 나는 맨발이었다. 구두가 움직였다.

그녀와 나는 바람을 바라보았다. 그렇게 천천히 움직이는 바람을.

여행가방이 벌어지고, 떠오를까.

달 구두를 신고,

발은 백지가 되었다.

물을 건넜다.
구름을 딛고 나무에 매달렸다.
물에 빠져 죽은 여자를 오래 들여다보았다.

새들을 따라 날았다.

모래언덕 위에 앉았다.
백지를 읽었다.

더 걸었다.

뒤꿈치가 부풀었다.

더 걸었다.

물집을 키웠다.

더 걸었다.

밤을 기다렸다.

떠올랐다.

17

구두 3

음악 소리를 따라 들어갔다. 파티 장소는 환하고 반짝거렸다. 책을 출간한 유명 작가는 기타와 드럼을 불렀고 구두들을 모았다. 모인 사람들은 저마다 반짝이는 구두를 신고 있었다. 나는 나의 낡은 구두가 마음에 걸렸다.

"네가 반짝일 곳으로 가렴."

나는 구두에게 말했다.

어디로 가는지 알 수 없었다. 나의 낡은 구두는 맨홀 위를 걸었고, 지하도를 걸었고, 전철 안에서도 걸었다.

그녀는 나타나지 않았다. 내 옆에는 여행가방이 없었

다. 나는 물안경을 쓰고 그녀를 찾아 나섰다.

예장동 골목으로 들어갔다. 골목은 예전보다 좁아진 느낌이었다. 떠난 사람들과 다시 돌아오지 않는 사람들 때문일까. 우리들은 시를 쓰려고 이 작은 골목을 돌아다닌 적이 있다. 우리들이 다닌 학교는 이 골목이 전부였을지 모른다. 그때 우리들은 짙은 발을 가졌었는데, 지금은 희미해진 발로 어디를 돌아다니는 걸까.

걸으면서 나의 구두는 점점 낡아갔다. 골목의 어둠 속으로 발이 빠져들었다. 예전에 나는 더 낡은 구두를 신고 있었다. 나의 구두는 그때를 찾아가는 모양이었다.

또각또각. 소리가 어느새 환한 빛으로 바뀌었다.

예술관에서 나오는 한 여학생과 마주쳤다. 머리가 짧고 키가 큰 와이. 그 여학생은 나를 알아보지 못했다. 20년 전의 시간을 건드리는 건 나였으니까.

와이가 골목으로 들어갔다. 나는 따라갔다. 예술관에서 대극장으로 가는 길이었다. 학생들이 길을 오가고 있었다. 와이는 길에서 벗어나 샛길로 들어갔다. 나는 따라갔다. 와이는 다시 다른 샛길로 들어갔다. 여전히 예술관에서 대극장으로 가고 있었다. 나는 따라갔다. 와이는 다시 다른 샛길로 들어갔다. 따라갔다. 대극장까지 가기 위해서는 계속 다른 샛길을 찾아야 했다. 나는 와이를 잘 알고 있었다. 매번 와이는 가지 않은 샛길을 잘 찾아냈다. 하지만 끝내 닿은 곳은 막다른 곳이었다.

눈앞에서 와이가 사라졌다. 나는 두리번거렸다. 사방에는 길이 있었고 와이는 없었다. 나는 와이를 찾아야 했다. 시간이 출렁였다. 나는 계속 어딘가로 걸어갔다. 그러다가 그만 와이 찾기를 잊어버렸다.

그렇게 나는 와이를 찾지 않는 길 위에 서 있었다. 거기가 어딘지 알 수 있었다. 구두가 움직이지 않는 곳, 내가 지금 서 있는 곳. 나는 움직일 수 없었다.

그때 어디선가 또각또각 소리가 났다. 나는 나의 구두를 내려다보았다.

또각또각. 나의 구두는 낡고, 어둡고, 하지만 경쾌한 물사물.

소리를 따라 걸어갔다.

모퉁이를 돌자 막다른 곳이었다. 비탈 아래에 와이가 앉아 있었다. 무릎 위에 얼굴을 묻은 채였다. 나는 가만히 와이에게 다가갔다.

또각또각. 나의 구두는 부드러운 물사물.

와이에게 다가가며 나의 구두는 점점 낡아갔다. 와이와 닿았을 때, 우리의 구두는 똑같이 낡아 있었다.

나는 가만히 와이를 바라보았다. 비탈에 웅크린 나무와 함께 한없이 어두운 와이. 20년 전의 내가 눈앞에 주저앉아 있었다.

검은 나무, 떠는 나무. 어둠 속의 꿈과 고요.

똑같이 낡은 구두 위에서 우리는 똑같이 어두웠다.

우리의 구두는 주저앉고, 아프고, 하지만 일어서고, 환한 물사물.

나는 와이에게 손을 뻗었다. 그때 비탈이 사라지고, 비탈에 웅크려 있던 나무가 사라지고, 다시 환한 나무가 나타나고, 와이가 고개를 들었다. 아! 그녀였다. 물안경을 쓴 그녀. 어느새 그녀와 나 사이에 여행가방이 놓여 있었다.

"한참 찾았어."

그녀가 나에게 말했다. 나는 멍하니 서 있었다.

"여기엔 새로 길이 생겼어."

그녀가 여행가방을 끌었다. 환한 나무 아래로 그녀가 걸어갔다.

나는 그녀와 나란히 걸어갔다.

"아주 낡은 구두를 신고 있었어. 그 여학생."

"그 구두는 반짝였지."

"어둠에 싸여 있었어."

"그래도 시가 있었지."

"시?"

뒤를 돌아보았다. 아무것도 없었다.

다시, 와이의 시간을 돌아보았다. 시가 있었다. 그때

시는 처음이었다.

그 처음은 이루어지지 않는 꿈의 자리이다. 하지만 그 자리에 서야 움직일 수 있다. 꿈을 향하는 일, 꿈 찾기의 연속. 그 자리에 닿아야 달릴 수 있다.

달린다 해도 여전히 이루어지지 않는 꿈의 자리. 처음이어야 비로소 써지는 시.

다시, 시와 꿈을 돌아보았다.

그녀와 나는 계속 걸어갔다. 오늘 여정의 끝은 그 처음에 닿는 것이다. 그곳에 닿기 위해 나는 아픈 그녀를 들여다보아야 했다. 그녀도 아픈 나를 들여다보아야 했다.

"괜찮아."

"괜찮아."

해가 등뒤로 떨어지고 있었다. 그녀의 그림자가 길게 늘어났다. 그 시절의 와이처럼.

눈앞에 낯선 길이 펼쳐지기 시작했다. 하지만 끄떡없었다. 나는 가지 않은 샛길을 잘 찾아낸다. 그 시절의 와이처럼.

그녀는 알고 있었다. 내가 찾아낸 길이 막다른 곳이

라는 것을. 그리고 그 막다른 곳에서 내가 꿈꿀 수 있다는 것을.

여행가방이 벌어지고, 그곳에 놓여 있을 나의 구두,

물구두,

물로 걸어가본다. 물로 뛰어가본다. 동시에 물로 돌아온다.

아픈 그녀를 두고 투명한 구두가 걸어간다. 물컹한 구두는 아픈 쪽에 놓여 있다. 그녀는 물컹한 구두를 들여다본다 두 발이 반짝거린다. 어느새 아픈 쪽을 놔두고 투명한 그녀가 걸어간다. 투명한 구두를 따라, 아픈 그녀는 제자리에 서 있다. 물컹한 구두와 함께, 그러므로 그녀는 물로 서 있다. 동시에 물로 걸어간다. 남겨지며 떠난다. 우두커니 향한다. 덩그러니 뛰어간다. 정지하며 출발한다.

18

운동화

물안경이 희미하고, 여행가방이 어디에도 없는 날이 있다. 그런 날, 그녀는 나타나지 않고 무심하다. 나도 그녀를 기다리지 않고 무심하다.

한 바퀴 돌거나, 갔다가 돌아오기, 산책.

산책은 강을 찾는 일이 없고, 그러니 강을 건너는 일도 없다.

이곳에선 돌거나, 돌아오기, 혼자.

공원을 한 바퀴 돌아 영종초등학교 앞까지 걸어갔다. 나뭇잎이 푸르고 햇빛이 환했다. 봄이었을 것이다. 교문 밖으로 아이들이 빠져나왔다. 덩달아 뛰기, 혼자 웃기, 혼자 남기, 분홍색, 한 소녀, 봄이었을 것이다.

교문 앞에 한 남자가 서 있었다. '안전'이라고 쓴 초록색 조끼를 입고 있었다. 그가 소녀를 눈여겨보았다. 소녀는 그저 웃기, 나무에 매달린 분홍색.

그가 소녀에게 길을 가리켰다. 그러자 소녀는 그 길로 걸어갔다. 그는 소녀의 길을 알고 있는 걸까. 소녀는 웃으며 걸어갔다. 나뭇잎이 푸르고 햇빛이 환했다. 소녀도 덩달아 푸르고, 소녀의 운동화도 덩달아.

나는 소녀의 운동화를 따라갔다. 소녀는 내가 사는 아파트 쪽으로 가고 있었다. 우리는 같은 입구를 찾을 것이다.

소녀는 천천히 걸어갔다. 나도 천천히 걸어갔다.

소녀가 길가 풀밭으로 들어갔다. 나는 천천히 걸어갔다. 소녀가 나무 주위를 한 바퀴 돌았다. 나는 천천히 걸어갔다. 소녀가 비탈길로 내려갔다. 나는 천천히. 소녀가 물웅덩이를 들여다보았다.

소녀의 운동화가 엉뚱한 곳을 밟았다. 바삭한 돌멩이를 밟았고, 부푼 비닐봉지를 밟았고, 뛰는 나무 그림자를 밟았다.

소녀는 계속 길에서 벗어났다. 부딪히는 대로 굴러가는 공처럼.

어린 시절, 학교에서 집으로 한참 걸어가던 나처럼.

소녀가 나무 주위를 빙빙 돌았다. 나무가 흔들리고 소녀가 흔들렸다. 소녀는 이 나무에서 저 나무로 달려갔다. 또 빙빙 돌았다. 집이 점점 멀어지고 있었다.

나는 가만히 서서 목을 길게 뺐다.

"얘, 왜 자꾸 엉뚱한 데로 가니?"

나는 크게 물었다. 소녀가 나를 돌아보았다. 멀리서 나무에 매달린 분홍색. 꽃송이가 흔들렸다.

소녀에게 매달린 꽃송이.

점점 커지는 꽃송이.

물결을 치는 꽃송이.

물결이 와서 내 눈가를 흔들었다.

그때 그녀는 나타난다.

물안경을 쓰고

여행가방을 끌고.

그녀는 강을 찾으러 가자고 했다. 나는 이곳에 강이 없다고 했다.

어느새 풀밭에서 소녀가 사라졌다. 소녀가 사라지고 소녀의 운동화가 남아서 나무 주위를 돌고 있었다. 나는 어느새 물안경을 쓰고 있었다.

소녀의 운동화. 길을 모르고, 말을 모르고, 하지만 엉뚱하고, 즐거운 물사물.

소녀의 운동화가 풀밭 위를 걸어갔다. 동시에 사라졌다.

그녀와 나는 풀밭 위를 걸어갔다. 여행가방이 움직였다.

소녀의 운동화가 나무 주위를 빙빙 돌았다. 동시에 사라졌다.

그녀와 나는 나무를 향해 걸어갔다.

소녀의 운동화가 물을 향해 날아갔다. 동시에 사라졌다.

그녀와 나는 물을 향해 걸어갔다.

일상에서 떨어져서 돌거나 잠깐 날기, 물산책.

눈앞에 강이 나타났다.
강가에 소녀가 앉아 있었다.
“건널 수 있을까?”
“건널 수 없을까?”
어느새 소녀가 사라지고 운동화만 남았다.

강물에 운동화가 비쳤다. 그녀와 나는 그 운동화를 들여다보았다. 여행가방이 벌어지고, 어디선가 까르르 웃는 소녀의 웃음소리와 함께,

물운동화,

운동화는 말귀와 산다.
엉뚱한 데로 가는 말귀와 산다.
길을 잃고
나무를 따라가는 말귀와 산다.

집을 잃어버리고
까르르 뒹구는 말귀와 산다.
꽃송이
환하게
강을 건너는 말귀와 산다.

19

동화책

내가 사는 아파트에선 사람들이 잘 보이지 않는다. 소리는 잘 들린다. 귀는 유독 혼자 사는 사람의 소리를 알아챈다. 바로 아랫집과 바로 윗집에도 사람이 혼자 살고 있다. 귀는 며칠씩 사라지는 사내와 죽은 듯이 조용해지는 여자의 시간을 알고 있다.

어느 날부터 위층에서 아이 우는 소리가 났다.

대여섯 살, 여자아이, 혼나는 아이.

그날은 밤이었다. 아이 우는 소리가 내 귀를 계속 잡아당겼다. 멀리서 나는 소리였다가, 동굴 속에서 울리는 소리였다가, 느닷없이 가까이서 들리는 소리였다가,

"나 혼자야" 비명을 지르는 소리.

나는 벽에도 귀를 대보고 천장 가까이에도 귀를 대보았다. 위층의 어느 집에서 아이가 우는지 알 수 없었다.

엄마가 아이를 혼내고 있었다. 아이가 자지러졌다. 옆에 아빠가 있었다. 아빠는 조용했다. 그래서 무서웠다.

아이가 울었다. 자지러졌다. 자정이 가까워지고 있었다. 나는 심장이 빨리 뛰기 시작했다. 귀가 흔들렸다. 어느 집인지 알 수 없었다. 위층 혹은 그 위층. 아이가 울었다. 다른 집들은 이상하게 조용했다. 귀가 붉어졌다. 아이가 쓰러지고 있었다. 인터폰으로 경비원을 불렀다. 경비원이 위층으로 올라갔다. 하지만 어느 집에서 아이가 우는지 알 수 없었다. 집에 모두 불이 꺼져 있었던 것이다. 마침 아이가 조용해졌다. 아이를 더 이상 찾을 수 없었다. 경비원이 나에게 와서 난처한 얼굴을 했다.

다음날, 내 귀는 낮에 돌아다녔다. 위층에 올라가 복도를 걸었다. 아이와 마주칠지도 몰랐다. 그 위층을 걸었다. 우리는 만나고 나서 알고 지낼 것이다. 엄마와도 알고 지낼 것이다. 엄마는 아래층에 거대한 귀가 살고 있다는 것을 알게 될 것이다. 내가 할 수 있는 일을 귀가 상상하고 있었다. 나는 동화책을 가슴에 안고 있었다. 필명으로 쓴 나의 동화책들.

귀는 돌아다니며 집집마다 문을 두드렸다. 아이가 있는 집을 찾아야 했다. 나는 곧 그 집을 찾아냈다. 엄마의 목소리. 내 귀가 여자를 알아보았다.

"동화책을 드리려고요."

나는 동화책을 내밀었다.

"아이 없어요."

여자가 문을 쾅 닫았다.

그 다음날, 나는 다시 그 집을 찾아갔다. 아이를 감춘 여자를 만나야 했다. 여자와 알고 지내야 했다. 친해져야 했다. 아이를 꼭 찾아야 했으니까.

여자는 문을 열지 않았다.

"동화책을 드리려고요."

나는 계속 문을 두드렸다. 문은 열리지 않았다.

동화는 없다, 나는 중얼거리며 돌아섰다. 아이를 숨긴 엄마에게 동화는 없다.

집으로 돌아와 창가에 동화책을 내려놓았다. 『구름이 집으로 들어온 날』. 햇빛에 동화책이 반짝였다.

아! 위층에서 아이가 아래를 내려다볼 것만 같았다. 숨겨진 아이가 고개를 내밀고 동화책을 내려다볼 것만 같았다. 나는 가슴이 뛰었다.

창가에서 그 동화는 무엇이어야 할까.

귀는 점점 물랑해졌다.

귓속에서 물소리가 들렸다.

귓속에서 새가 움직였다.

점점 출렁였다.

새가 울었다.

물랑,

그때 그녀는 나타난다.

"귓속에 든 새를 어디에 풀어놓을까?"

그녀와 나는 걸어갔다.

어디선가 아이들 소리가 났다. 그녀와 나는 그곳에 귀를 기울였다. 까르르 웃다가 새가 되고, 까르르 울다가 물이 되고, 까르르 웃다가 다시 어린이가 되는 곳, 동화 속이었다.

"여기!"

그녀와 나는 귀를 벌려 새를 날렸다.

새 한 마리가 날았다. 물소리를 내며.

물랑,

내 시 속의 아프고 우울한 소녀들, 외면당하고 폭행당한 소녀들. 그들을 동화 속으로 데려가기.

여행가방이 벌어지고,

동화 속에는 달이 떴다.

파란 새가 날았다,

환청 중에서 가장 아름다운 말을 고르고
그녀가 걸어갔다.
마을에선 불이 꺼지지 않고 종이 집을 태웠다.
검게 그을린 종이 소녀를 데리고 걸어갔다.
파란 새가 날았다.
그녀와 소녀가 걸어갔다.

불이 쫓아오는 밤
얼음의 숲을 찾아서
불에 타지 않는 말을 찾아서

그녀와 소녀가 걸어갔다.

파란 새가 날았다.
소녀가 그녀의 손끝에서 달렸다.
환청이 소녀의 귀를 탐하고 있었다.

그녀는 구부린다.

환청을 아름다운 사랑 이야기로
달을 끌며 길고 긴 동화를
달에 끌리며 물랑을,

파란 새가 날았다.
물랑을 쓰는 여자와 물랑을 듣는 소녀가
계속 움직였다.

20

개밥그릇

그때 그녀는 나타난다. 꽃송이가 흔들릴 때, 새가 울 때.

물결이 눈가로 밀려올 때, 물소리가 귓속에 차오를 때.

나무가 흔들릴 때, 나무처럼 내가 흔들릴 때.

내가 달고 있는 말 이파리들이 흔들릴 때, 우수수 떨어질 때, 새로 돋아날 때.

나무가 된 내가 소녀를 따라가려고 걸을 때.

새가 된 내가 아이와 함께 울 때, 아이를 물고 날아갈 때.

그때 필요한 말 나무.

그때 필요한 물 나무.

그때 그녀는 나타난다.

소녀들이 나무가 되고 내가 아이가 될 때.

소녀들이 나를 물고 날아갈 때.

내가 사는 아파트엔 '소영'이라는 이름을 가진 여자 아이가 있다. 내가 동화를 쓸 때 쓰는 필명과 같은 이름이다. 열한 살 소영이는 일곱 살 여동생이 있다. 이름은 가영.

소영과 가영 자매를 만난 것은 풀밭 위에서였다.

아직 추운 겨울이었다. 풀밭에는 눈이 쌓여 있었다. 어디선가 개 짓는 소리가 들려서 밖을 내다보았다. 풀밭 한가운데에 개 두 마리가 나무에 묶여 있었다.

개들은 하루 종일 묶여 있었다. 옆에는 개집과 개밥 그릇이 놓여 있었는데 영하로 내려가는 밤을 지내기에 개집은 허술했다. 그리고 계속 지켜봐도 개밥을 주는 사람이 없었다.

하루가 지났다.

나는 따듯한 물과 참치캔을 챙겨 밖으로 나갔다.

풀밭으로 달려갔을 때, 자매도 달려왔다. 소영과 가

영. 자매는 한쪽은 어둡고 한쪽은 밝았다. 우리는 개들을 어떻게 해야 할지 몰랐다. 우선 개밥을 주기로 했다. 나는 참치캔을 따서 개밥그릇에 부었다. 그때 가영이가 냉큼 살코기 한 점을 집어 먹었다. 개들보다 빠르게.

"아, 먹어도 돼."

나는 아이가 무안해할까봐 그렇게 말했다. 하지만 아이는 밝았다. 맛있다고 웃었다. 무안해하는 쪽은 언니였다. 왠지 슬픈 소영.

나는 자매들이 사는 집을 물었다. 우리는 같은 아파트에 살고 있었다.

집에 와서 참치캔을 찾아보니 남은 게 없었다. 나는 마트로 가서 참치캔이 여러 개 담긴 상자를 샀다. 그리고 자매의 집을 찾아갔다.

"이게 집에 두 상자나 있어서."

가영이가 환한 얼굴로 상자를 받았다.

자매의 집 식탁이 눈에 띄었다. 식탁 위에는 빈 소주병과 마른안주가 흩어져 있었다. 식탁 밑에는 나라미 쌀자루가 놓여 있었다. 아빠가 올 시간이라고 자매가 말했다. 아빠만 온다고.

창밖을 내다보았다. 개들이 짖었다.
개들이 짖을 때 그녀는 나타난다.
눈밭에 어둠이 내려앉았다. 개들은 조용했다.
개들이 조용할 때 그녀는 나타난다.
다음날, 구청에서 사람들이 나와 개들을 실어갔다.
개들이 떠날 때 그녀는 나타난다.
개들이 치워질 때 그녀는 나타난다.

창밖을 내다보며 그녀와 나는 서 있었다.
우리는 물안경을 쓰고 여행을 떠날 뿐.
제자리일 뿐.
말은 돌아와 떠난 적이 없는 표정이다.

나는 다시 혼자였다.
그녀를 떠올렸다.
그녀는 어둠 속에서 나타났었다.
소녀가 개밥을 먹었을 때.
아! 그녀는 환한 꿈에도 나타났었다.

소녀가 웃었을 때.
소녀가 개에게 달려왔을 때.
말은 꼭 그 표정이었으면!

차가운 밤, 나는 여행가방을 열고 긴 말의 표정을 들여다보았다.

개밥과 소녀,

들판에 물랑이 버려졌다.
나무에 묶인 물랑
컹컹
우는 물랑에게
나는 달려갔다.
물랑과 함께 나무를 끌었다.
끌려오지 않았다.
컹컹
소녀가 달려왔다.
가벼운 발과

환한 손과
나무의 물과
우리는 함께 물랑을 끌었다.
끌려오지 않았다.
나는 물랑에게 개밥을 주었다.
소녀가 냉큼 살코기 한 점을 집어먹었다.
재빠른 바람
소녀의 입술은 비릿하고
나는 나의 비릿한 무엇도 꺼내려고
눈을 돌리는데
개밥은 왜 개밥인가
단어의 물을 생각하는데
컹컹
소녀가 입에 물송이를 물고 웃었다.

21

테이블

여행가방에 문학패를 넣었다. 그리고 물안경을 썼다. 그리고 떠났다.

패가 바뀌었다. 김현문학패 수여식이 끝난 다음날이었다. 문학패에는 작은 글씨로 수상자 이름이 적혀 있었는데, 내가 받아온 것에는 소설가 이름이 적혀 있었다. 백민석. 이 소설가는 내가 그 사실을 말해 주어도 별 반응이 없었다.

나는 소설가를 만나 패를 바꾸기로 했다. 다른 사정이 있기도 했다. 수여식 뒤풀이에서 나온 술값을 수상자 둘이서 내야 했는데, 이 소설가가 선뜻 다 낸 것이다. 그래서 나는 감사의 표시로 이 소설가에게 밥을 사기로 했다.

말만 해놓고 미루다가 한 달이 지나갔다. 그동안 나는 산문집 원고를 붙들고 끙끙댔다.

쌀쌀한 날이었다. 나는 물안경을 쓰고 여행가방을 끌었다. 영종역에서 공항전철을 타고 서울로 향했다. 이어폰을 꽂고 노래를 들었다. 그녀가 노래 가사를 흥얼거렸다.

세상 어딘가 저 길 가장 구석에 갈 길을 잃은……
이 넓은 세상에 혼자인 것처럼 아무도 내 마음……

반복되는 노래 속에서 그녀가 점점 희미해졌다. 물안경과 여행가방이 점점 희미해졌다. 멀리 갈수록, 만날 누군가와 가까워질수록.

합정동에서 소설가를 만났다. 여행가방과 물안경은 이미 사라져 있었다. 밥을 먹고 카페로 들어갔다.

소설가에게 와인 한 병과 멸치 선물세트를 건넸다. 밥 한 끼로 부족할 것 같아서 감사의 표시에 더한 것이었다. 소설가는 멸치 선물을 맘에 들어했다.

"멸치 볶을 줄 아세요?"

"그럼요. 내 자취 경력이 몇 년인데!"

누군가 먼저 패를 꺼냈다. 그리고 누군가 얼른 패를 가방에 넣었다.

"산문은 어떻게 쓰는 거예요?"

나는 이미 산문집을 내본 소설가에게 물었다.

"이건 산문이다, 하고 쓰면 되죠."

"시를 가져다 쓰려고 하면……"

"행을 띄워볼까요? 나도."

커피를 마셨다. 테이블은 보라색이었다.

'물랑해져라.'

나는 속으로 중얼거렸다. 누군가와 마주앉아 있을 때의 말, 주문.

테이블은 환하고, 하지만 딱딱한 보라색이었다. 나는 신발을 내려다보는 척하며 테이블 밑을 들여다보았다. 거기서 여행가방이 벌어지고 있었다.

다시, 테이블은 어둡고, 하지만 말랑말랑한 보라색이었다.

"그거 고추장만 넣으면 되는 거 아니에요?"

소설가가 말했다. 멸치볶음 얘기였다. 나는 내 자취 경력을 꺼내 들지 않았다. 소설가는 나보다 한 살이 많았는데, 아마도 우리는 자취 경력이 비슷할 것이다. 그런데 멸치볶음이 고추장만 넣는다고 되나? 나는 내 자취 경력을 의심해보기로 했다.

소설가와 나는 조금 걷다가 헤어졌다. 쌀쌀한 날이었다. 우리는 각자의 패를 들고 걸어가다가 서로를 한 번 돌아보았다. 소설가의 얼굴도 나의 얼굴도 쓸쓸했다. 쌀쌀한 날이었다.

나는 혼자 오래 걸었다. 여행가방이 서서히 나타났다. 나는 여행가방을 끌었다. 물안경이 나타났다. 나는 물안경을 썼다. 그녀가 옆에서 걸었다.

노래를 들었다. 길 위에서 뭔가를 찾을 수 있을 것만 같았다.

오래 걸을수록 그것들은 선명해졌다. 여행가방과 물안경. 그리고

세상 어딘가 저 길 가장 구석에 사물……

이 넓은 세상에 혼자인 것처럼 사물……

22

달 위에 사물을 올려놓는 밤입니다

달이 창 안쪽에 뜰 때
달이 책상 위나 소파 위에도 뜰 때
나는 누워서 손끝을 짓습니다.

달 위에 사물 올려놓기.

꽃병을 달 위에 올려놓습니다.
어긋나고, 꽃병이 깨집니다.

깨진 꽃병을 줍다가, 읽다가,
안다가,

구두를 달 위에 올려놓습니다.
미끄러지고, 구두는 떨어져 내립니다.

떨어져 내리는 구두가 되어
쓰다가, 날다가,

찻잔을 달 위에 올려놓습니다.
쓰러지고, 찻잔이 물을 쏟습니다.

귀로 들어오는 물
물방울과 음악
뜨다가, 가라앉다가,
손끝의 말
향기로운 사물을 달 위에 올려놓습니다.

어긋나고, 미끄러지고, 쓰러지고,

매일 실패하는

아주 희미한 건반 위에
달이 뜰 때

꽃병과 구두와 찻잔이 소리를 내고
꿈과 악기

어긋나고, 미끄러지고, 쓰러져도,

23

베개

사물 옮기기.

연희로 갈 때.

연희에서.

겹치는 방.

세 번째 바람의 숲.

다 읽는 시.

사물과 시.

가난을 짐으로 쌀 때
시 한 편 없이 가방을 쌀 때
연희로 갈 때.

다시 여기에서
고요히
없이,

스러지며,

2018년 4월 2일

연희문학창작촌. 홀림, 울림, 들림, 세 동의 집필실을 두고 입주 작가들이 모여 제비뽑기를 했다. 나는 홀림 2층에 있는 방을 뽑았다. 가방을 끌고 방으로 갔다. 창 밖엔 목련 꽃송이들이 환했는데 방안은 너무 어두웠다. 나는 어두운 게 싫어서 방을 나왔다. 복도에 한 작가가 서 있었다. 방이 너무 환해서 나와 버렸다는 사람. 반가

웠다. 우리는 서로 방을 바꾸었다.

홀림 213호. 아주 밝다. 오후다. 햇빛이 눕는 침대가 있다. 대나무 그림자가 벽에 대고 이파리들을 흔든다. 익숙하다. 3년 전에도 나는 이 방을 썼다. 밤에 무서움에 떨지 않고 잘 수 있을 것이다. 으스스한 장롱은 안 건드리기로 한다. 이 방이 좋다.

2018년 4월 11일
아침에 숲으로 갔다.
나만 갈 수 있는 숲,
나만 아는 숲,
죽은 나무들을 밟고 계단을 올라갔다.
계단 끝에선 향기가 났다.

햇빛이 침대 위로 올라왔다. 베개를 들여다보았다.

아주 많이 눌린 사물. 작가들의 머리에 눌린 베개. 이 집필실에 계속 놓여 있었다면(연희문학창작촌은 2009년에 문을 열었으니까) 한 십 년은 눌린 베개. 홀림 213

호의 베개.

집필실마다 문에는 목판이 걸려 있었다. 그동안 집필실을 사용한 작가들의 이름이 목판에 새겨져 있었다.

이 방에 누가 다녀갔는지 다 안다. 다 들키고 만다. 우연히 남긴 얼룩, 날린 먼지, 줍지 못한 머리카락. 그리고 사물들의 배치.

나는 방으로 들어갈 때마다 목판을 들여다보았다. 김혜순 시인도 이 방을 썼다. 나는 이 방이 좋다.

베개를 들여다보았다. 그때 움직였다, 집필실 한쪽에서 아직 풀지 않은 가방 하나가.

나를 따라온 그녀, 시 속에서 막 나온 그녀와 나 사이에 여행가방이 놓여 있었다.

2018년 4월 20일
저녁에 숲으로 갔다. 계단 끝에선 향기가 났다.
나는 왜 쓰는가, 꽃을 들여다볼 때
첫 번째 바람이 오고
어쩌면

나는 시를 쓰면 안 되는 사람일지 모른다.

그녀가 옆에 있었다. 우리의 여행가방은 숲에서 벌어질까?

그녀가 들려주는 엄마 이야기는 이랬다.

"동생이 어디 있지?"

소녀가 물으면 엄마는 소녀의 등에 베개를 업혀주었다. 소녀는 베개를 업고 놀았다. 동생이 죽은 줄은 몰랐다.

나의 엄마 이야기는 이랬다.

"엄마, 나 어디 좀 갔다 오려고."

나는 엄마와 베개를 베고 누워 말했다. 엄마는 그곳이 어딘지 모른다. 나는 조용히 입원한 적이 있다. 엄마는 어느 날 나처럼 말했다.

"어디 좀 갔다 올게."

나는 그곳이 어딘지 모른다.

2018년 4월 21일
어떤 숲,

엄마가 걸어가고 길은 하얘졌다.
안개 속에서 발소리가 들렸다.

엄마는 집을 나가 돌아오지 않았다.
흰색을 들여다보면
숲으로 걸어가는 엄마가 보였다.
등에 베개를 업고 있었다.

엄마가 걸어가고 숲은 하얘졌다.

물송이 물송이
입을 벌리면
물송이가 숲으로 움직였다.

2018년 5월 2일
비가 내렸다. 창밖에 손을 내밀어 비를 쥐었다. 손바

닥에 물방울 네 개가 놓였다. 물방울의 입을 들여다보았다. 거울 속이었다.

언젠가 '물속의 자화상'을 시집으로 쓴다면 그때 나는 물방울의 입을 그릴 것이다. 그리고 벌릴 것이다.

2018년 5월 13일

베개 옆에 나의 시집 네 권을 놓았다. 오랫동안 눌려 딱딱한 사물.

2018년 5월 20일

숲으로 갔다. 계단 끝에선 향기가 나지 않았다.
날아가는 새들을 따라 길을 헤맬 때
나는 왜 쓰는가, 새소리만 듣자고 생각할 때
두 번째 바람이 오고
어쩌면
나는 시를 쓰면 안 되는 사람일지 모른다.

2018년 5월 23일

베개를 베고 잠을 잤다. 집필실 안에선 악몽을 꾼다.

베개가 우는 꿈, 베개와 함께 소녀가 버려진 꿈을 꾸었다.

2018년 6월 9일

연희동 골목을 걸었다. 모퉁이에 있는 미용실로 들어갔다. B컷갤러리. 이곳은 미용실인데 미술작품도 전시한다. 〈쿠니Koon-ni air range〉라는 제목으로 작품들이 미용실 배경에 놓여 있었다. 작품들은 모두 총알이었다.

2018년 6월 10일

베개를 베고 잠을 잤다. 총알이 뒤통수에 박혔다. 누군가의 악몽을 꾸고 있었다. 비명을 지르며 일어났다. 그녀가 옆에서 눈을 떴다.

화성 매향리엔 미공군의 쿠니사격장이 있었다. 그곳에선 1951년부터 2005년까지 폭격훈련이 이루어졌다. 그때 떨어진 탄알들이 아직도 마을에 박혀 있었다. 이기일 작가는 그 탄알들을 주워 깨끗이 닦고 갈아서 반질하게 빛을 냈다. 그리고 그 탄알들을 연희동 동네 미용실로 옮겼다.

사물 옮기기. 사물에 새로 빛 씌우기. 미술적 행위는 언어적 행위이기도 할 것이다. 손으로 만진 사물의 빛은 손으로 만진 단어의 빛, 말의 빛.

2018년 6월 12일

베개를 빨아야겠다고 생각했다. 베갯잇은 분기마다 세탁해서 갈아주지만 베개솜은 그대로인 듯했다. 나는 베개를 들고 공동세탁실로 갔다. 공동세탁실엔 드럼세탁기가 두 대 놓여 있었다. 나는 베개를 세탁기에 넣고 돌렸다.

세탁기가 돌아가는 동안 잠을 잤다. 이곳에서의 잠, 몸에 달라붙는 단어들 같다. 내 몸에 붙어서 바람을 기다리는 단어들, 어디로 가고 싶은 걸까?

깨어나니 저녁이었다. 공동세탁실에 가서 베개를 꺼냈다. 베개는 엄청나게 부풀어 있었다. 그렇게 부풀 수 있는 사물이라는 것을 상상하지 못했다. 그리고 베개는 축축했다.

나는 베개를 안고 방으로 돌아왔다. 베개에 안겨 방으로 돌아왔다.

2018년 6월 19일

B컷갤러리 앞을 지나갔다. 크게 확대해서 프린트를 한 총알이 미용실 유리벽에 걸려 있었다. 안쪽에는 실제 크기의 총알들이 선반에 나열되어 있었다. 총알들 속을 뚫고 들어가 머리를 하고 싶다!

2018년 6월 20일

축축한 베개를 베고 잠을 잤다. 여행가방이 벌어졌다.

그녀가 들려주는 엄마 이야기.

“동생이 따뜻해.”

베개를 업은 소녀가 말했다. 엄마는 미소를 지었다.

나의 엄마 이야기.

"엄마, 나 갔다 왔어."

엄마는 미소를 지었다. 엄마는 내가 어디서 온지 모른다. 어쩌면 내가 깨어난 병실은 어디에도 없을지 모른다.

나는 '혼자'를 어디로 옮겼었나. 돌아와 다시 어디로 '혼자'를 옮기려 하나.

2018년 6월 21일

숲으로 갔다. 나만 아는 숲, 나만 갈 수 있는 숲. 하지만 알 수 없어서 무너지는 숲, 갈 수 없어서 꿈꾸는 숲.

2018년 6월 22일

누군가의 악몽을 어디로 옮길까. 베개를 베고 잠을 잤다. 내 몸에 닿은 사물들을 어디로 옮길까. 손끝의 단어들을 어디로 옮길까.

2018년 6월 23일

베개 옆에는 나의 시집 네 권이 있었다. 내게 가장 무거운 사물!

무거움을 옮겨야 한다. 구조를 허물고 물의 몸을 가져야 한다. 멀리 가서 그 몸마저 스러지는 말의 빛을 보아야 한다.

2018년 6월 24일
매일 숲으로 간다.
꽃을 들여다보고 새소리를 듣는다.
비 오는 날엔 숲에 가지 않는다.
방에 빗소리가 가득하고
잠도 스러지고
식사도 스러지고
벽에서 꺼낸 말도 스러지고
초록색
방이 숲이 되니까.
나는 왜 쓰는가, 누워만 있을 때
물에 잠긴 숲에 갔을 때

세 번째 바람이 오고

어쩌면,

2018년 6월 26일

비가 왔다. 창밖에 손을 내밀어 비를 쥐었다. 손바닥에 물방울 네 개.

강이 멀리 있었다. 나의 시집들은 가까이 있었다.

물방울 네 개로 무엇을 옮길 수 있나.

2018년 6월 28일

다시 어떤 숲,

물송이를 따라 숲으로

그녀는 죽은 베개를 등에 업고 걸어갔다.

등에서 물이 흘렀다.

숲에 누워 베개에게 젖을 물렸다.

물이 흘렀다.

말을 놓아버린 나무들이 베개를 옮겼다.

환한 곳에서 더 환한 곳으로,
아슬한 곳에서 더 아슬한 곳으로,

물송이 물송이
입을 벌리면,

2018년 6월 29일
가방을 쌌다. 가방엔 나의 시집들을 넣었다. 그리고 홀림 213호를 나왔다.

연희를 떠날 때,

사물들을 옮길 때,

다시,

세 번째 바람의 숲,

고요히,

스러지며,

24

호치키스

물 한 방울로 나는 무엇을 옮길 수 있나.

교실엔 초록이 있고
그 초록은 벽을 감싼 부직포.
그 위엔 우리들의 작품이 걸렸다.
남자애들끼리 여자애들끼리 움직이던
말과 손,
어느 말은 어디에도 끼지 못했다.
누구도 잡아주지 않는 손이 있었다.
남자애들이 한 아이를 초록으로 끌고 갔다.
탁탁탁 호치키스를 박았다.

옷에 온통 침이 박힌 채 부직포에 걸린 소년.

“아직도 걸려 있어.”

물안경을 쓴 그녀가 말했다. 그녀와 나는 창문으로 교실 안을 들여다보고 있었다.

아무리 지워도 지워지지 않는다. 어린 시절에 지켜본 폭력의 장면, 그때의 아이 얼굴.

“데려가자.”

그녀가 말했다. 나는 고개를 끄덕였다. 그녀와 나 사이에 여행가방이 놓였다.

벽에 박힌 소년, 부직포에 걸린 소년, 종이처럼 얇고 가벼운 소년. 우리는 그 종이소년을 조심스럽게 떼어냈다. 그리고 여행가방에 넣었다.

여행. 그녀와 나는 종이소년을 어디로 데려갈 수 있나. 어디로 옮길까.

버스를 탔다. 맨 뒷좌석에 그녀와 내가 나란히 앉았

다. 종이소년을 꺼내 창가에 앉혔다. 창문으로 바람이 들어왔다. 종이소년이 흔들렸다.

버스가 신촌전철역에서 동교동삼거리로 움직였다. 예전에 살았던 집을 지나갔다. 나는 얼른 그 집을 돌아보았다. 그녀도 그 집을 돌아보았다. 종이소년도 그 집을 돌아보았다. 하지만 나는 혼자였다.

환자들이 내리는 곳을 지나고, 스타벅스를 지나고, 장례식장을 지나고, 햇빛이 환자복을 입고 누워 있는 것 같은 빌딩 앞에 섰다.

7층 레스토랑으로 갔다.

"몇 분이세요?"

종업원이 물었다. 나는 혼자라고 말했다. 그리고 4인 테이블에 가서 앉았다. 그러자 종업원이 와서 나를 작은 테이블로 안내했다.

대형 화분과 기둥이 서 있는 곳. 그곳의 테이블은 작았다. 1인분 음식을 내려놓자 공간이 거의 다 찼다. 다행히 의자는 두 개였다. 맞은편 의자에 그녀가 앉았다. 그녀는 여행가방에서 종이소년을 꺼냈다. 한 의자에 그녀와 종이소년이 앉았다.

우리는 아주 천천히 식사를 했다. 사람들이 쳐다보는 것 같았지만 신경쓰지 않았다. 조금씩 사라지는 음식의 빛과 시간, 말의 정지. 이 여유를 사람들의 시선에 빼앗기고 싶지 않았다.

나는 이름을 알 수 없는 씁쌀한 채소가 좋았다. 그녀도 그 초록이 좋다고 했다. 종이소년은 아무것도 먹지 않았다.

조금 먹었는데도 배가 불렀다. 나는 혼자였다.

7층에서 5층으로 갔다. 5층에선 많이 걸었다. 걸을수록 공간이 통로처럼 길게 늘어났다. 여행은 공중에 뜬 기분이었다.

3층에서 카페를 찾아냈다. 커피를 한 잔 주문하고 자리에 앉았다. 자리는 아주 편안했다. 노트북을 올려놓을 수 있고 턱도 괼 수 있었다. 내 옆에 앉아서 그녀가 턱을 괴었다. 그녀와 나 사이에서 여행가방이 벌어졌다. 우리는 종이소년을 꺼내 앉혔다.

나는 뭔가를 조금 썼다. 그녀도 뭔가를 조금 썼다. 종이소년은 아무것도 쓰지 않았다.

사실 그녀와 나는 아무것도 못 쓰고 있었다. 종이소년을 어디로 데려가야 할지 아직 모르고 있었다. 그리고 이 여행엔 아직 음악이 없었다. 나는 혼자였다. 그녀도 혼자였다.

카페에서 나와 버스정류장으로 갔다. 빌딩은 환자복을 벗고 조금 어두워졌다. 그녀가 여행가방에서 종이소년을 꺼냈다. 우리는 함께 걸어갔다.

갑자기 하늘에서 빗방울 떨어졌다. 나는 뛰었다. 그녀도 뛰었다. 하지만 종이소년은 뛰지 않았다. 나는 종이소년에게 다가갔다. 그녀도 종이소년에게 다가왔다. 우리는 빗속에 함께 서 있었다.

나는 점점 젖었다. 그녀도 점점 젖었다. 종이소년도 점점 젖었다. 우리는 젖어서 함께 있었다. 하지만 우리는 혼자였다.

종이소년이 손바닥을 펴서 물방울을 모았다. 그녀도

손바닥에 물방울을 모았다. 나도 물방울을 모았다.

나는 물 한 방울을 손에 꼭 쥐었다. 물 한 방울로 무엇을 옮길 수 있나.

그녀도 물 한 방울을 손에 꼭 쥐었다. 옮긴다면 무엇이어야 할까.

빗속에 종이소년이 있었다.

빗소리,

음악소리,

비와 음악소리,

그녀와 나는 귀를 기울였다.

종이소년이 물방울로 악기를 만들고 있었다.

이미 음악소리가 났다.

빗속에서

종이소년이 계속 물방울로 악기를 만들었다.

그녀와 나는 계속 그 악기 만드는 소리를 들었다.

여행가방은 이미 벌어지고, 빗속에서,

물악기,

물방울 달린 악기를 만들기 위해 소년은 허벅지에 박힌 그것을 빼낸다. 등에 박힌 그것을 빼낸다. 뒤통수에 박힌 그것을 빼낸다.

물방울 달린 악기를 연주하기 위해 소년은 귓바퀴에 박힌 그것을 빼낸다. 목에 박힌 그것을 빼낸다.

탁 탁 탁 구석에 몰아넣는 소리를 빼낸다.

탁 탁 탁 주먹을 날리는 소리를 빼낸다.

탁 죽어라 하는 말을 빼낸다.

탁 탁 밟는 소리를 빼낸다.

탁 찍는 소리를 빼낸다.

그림자가 두 개로 뻗는 골목,

아이들이 벽에 대고 호치키스를 박았다. 욕을 하고 발길질을 했다. 돌아서면 그만인 벽에서 아이들이 돌아섰다. 사라지면 그만인 벽에서 소년은 사라졌다. 온몸에 그것이 박힌 채.

문장 하나를 만드는 일을 직업으로 가진 여자였다. 소년의 기억을 가진 여자였다. 지나갈 수밖에 없는 그 벽을 지나가며 그녀는 ㄷ자 철사 침을 주웠다. 매일 주웠다. 주워서 옮겼다, 옮겼다 물 쪽으로, 옮겨서 문장을 만들었다.

옮겼다, 문장을 만들었다.

문장은 사라지는 악기, 계속 옮겼다, 연주하기 위해.

25

기타

창가에 시집이 놓여 있었다.

햇빛과 바람과 새를 안으로 들이고
나는 창가에 서 있었다.
다리는 넘어져 있었다.
쌓인 시들과 함께.
다리의 골격을 더듬다가
바람이 일으킨 먼지를 안았다.
책상은 방에서만 자라는 식물이 되어갔다.
소녀가 다녀간 문에선 가슴이 자라나고
햇빛은 아직 소녀의 가슴을 찾지 못해 어두웠다.

새는 날고 있었다, 넘어진 줄 모르고

창가에 시집이 놓여 있었다.

나무가 물방울을 매달고 있다가
나무가 먼저 사라지고
물방울들이 반짝이다가
사라지는
창가에,

동시에 그녀가 나타났다. 그러니까 물방울들이 반짝이다가 사라지는 창가에.

그녀는 창문 밖에서 여행가방을 끌어올렸다. 그러니까 그녀는 여행가방을 끌고 창문으로 들어왔다.

나는 그녀가 왜 출입문을 놔두고 창문으로 들어왔는지, 왜 창가에서 나타났는지 묻지 않았다. 다만 우리의 여행이 이 창가에서 시작되리라는 것을 알았다.

나는 열쇠를 어디서 잃어버렸나. 집에 닿은 시각은

자정이었다. 열쇠가 사라지고 없었다. 창문을 밀어보았다. 빗장이 슬쩍 걸려 있기를 바랐다. 하지만 창문은 꿈쩍하지 않았다. 열쇠집에서 사람을 부르려면 아침까지 기다려야 했다. 창문을 세게 밀었다. 창문을 통해 집으로 들어가야 했다. 그때 나에겐 연락할 사람이 그렇게도 없었나보다. 창문으로 들어가야 했다. 1996년 가을이었을 것이다. 나는 등에 무거운 가방을 메고 있었다. 1박2일로 떠난 문창과 엠티에서 돌아온 날이었다. 다시 어딘가로 떠날 수도, 머무를 다른 곳을 찾을 수도 없었다. 창문으로 들어가야 했다. 대림동이었다. 어두운 복도였다. 나는 빗장이 걸린 부분을 쾅쾅쾅 두드렸다. 그때 옆집에서 여자가 나왔다.

여자는 집 안으로 나를 들여주었다. 아침까지 있으라고 했다. 나는 가장 구석에 있겠다고 했다. 여자의 집은 내 집 구조와 똑같았다. 단칸이었고 해가 들지 않는 방향이었다. 나는 구석을 잘 찾을 수 있었다.

우리는 그날 처음 마주쳤다. 나는 옆집에 여자가 사는 것을 알고 있었다. 소음으로 혹은 소란으로, 억양과

신음으로 나는 여자를 알고 있었다. 나보다 대여섯 살 많았고, 낮에 집에 있었고, 술에 취해 들어와 때리는 남자가 있었다.

그날 나는 여자와 단 둘이었다. 술 취한 남자가 언제 들어올지 몰랐다. 어둠 속에서 나는 눈을 붙이지 못했다. 여자도 침대 위에서 몸을 뒤척였다. 밖에서 발소리라도 나면 우리는 신경을 곤두세웠다. 문을 열고 그 남자가 쳐들어올 것만 같았다. 어둠 속에 내가 있는 줄도 모르고 달려들어 남자가 여자를 때릴 것만 같았다. 나는 바람소리에 바짝 눈을 떴다. 문을 막아야 했다. 문을 밀고 들어올 남자를 막아야 했다. 남자가 휘두를 어둠에 맞서야 했다.

"학생이죠? 뭐 배워요?"

그때 여자가 물었다.

바람소리가 길게 이어졌던 것 같다.

"그냥."

나는 입을 조금 벌렸다가 다물었다.

그 어둠 속에서 시를 말하는 건 어땠을까. 신경을 곤

두세우고서.

날이 서서히 밝으면서 그것이 나타났다. 방 한쪽에 세워둔 기타. 나는 옆집에서 들리던 기타 소리를 떠올렸다. 남자가 치던 기타 소리. 잔잔하고 경쾌하고…… 그러나 밤을 몰고 오던 소리, 무서운 소리.

"옮기자."

그녀가 귓가에 속삭이며 나타났다. 그녀는 여행가방에 기타를 집어넣었다.

"어디로 가지?"

나는 창가에서 물었다.

"여기 다음의 장소."

그녀가 물안경을 쓰고 말했다.

창가에 시집이 놓여 있었다.

햇빛과 바람과 새의 장소.

"여기는 떠나기에 좋아."

"죽은 햇빛이야."

"소녀의 가슴을 찾지 못하지."

"죽은 바람이야."

"먼지지."

"죽은 새야."

"넘어진 줄 모르지."

하지만 나는 그녀에게 한 걸음 다가갔다.

그녀는 죽은 새의 얼굴,

그녀는 죽은 햇빛의 머리,

그녀는 죽은 바람의 몸,

그래서 떠날 수 있었다.

우리의 여행은 꿈의 말을 찾아가는 여행.

시의 얼굴로 떠날 수 있었다.

실패한 얼굴로

죽은 말의 얼굴로

나는 물안경을 집어서 썼다.

집을 나와서 한참을 걸었다. 날이 밝았고, 곧 해가 머리 위에 떴고, 곧 해가 떨어졌고, 밤이었다. 그녀와 나는 길 위에서 잠이 들었다. 뭔가를 옮기려고 한참을 걸어간 뒤였다. 눈을 떠보니 다시 집 안이었다. 아직 침대 위에서 여자가 뒤척이고 있었다.

제자리에서 걸었던 걸까? 구석에서 나는 어두워졌다.

여자와 나의 거리, 어둠 속에 기타가 세워져 있었다. 아무 말이 없었다. 음악이 없었다. 여자가 시를 물어준다면 나는 중얼거리고 싶었다. 창가의 이야기에 빠지고 싶었다. 알 수 없는 그 말들이 여자와 나의 거리를 더 벌리겠지만, 물랑해져서 어제든 부드럽게 닿을 수 있는 그 거리.

여자와 나는 잠깐 잠이 들었다. 눈을 떴을 때 길이 보였다. 기타가 사라지고 길이 보였다. 빗소리가 들렸다. 기타가 사라지고 빗소리가 들렸다.

그녀가 여행가방과 함께 나타났다. 나는 여행가방을 들여다보았다. 기타가 들어 있었다. 어느새 옮겨진 기타였다. 그녀와 나는 기타를 꺼냈다.

나는 기타를 칠 줄 몰랐다. 그녀도 기타를 칠 줄 몰랐다. 하지만 나는 나와 똑같은 집 구조에서 사는 여자를 위해 연주하고 싶었다. 그녀도 자기와 똑같은 어둠을 가진 그 여자를 위해 연주하고 싶었다.

그녀와 내가 가진 것은 실패한 얼굴, 죽은 말의 얼굴. 하지만 이미 물랑해진 얼굴.

우리는 연주를 했다. 처음 소리 나는 악기,

물기타,

기타엔 구멍이 있다. 그 구멍을 들여다보다가 빗소리를 들었다. 가로줄을 세어보았다. 귀가 한 겹 더 흔들리고, 가로로 내리는 비,

창밖에 있는 집들을 세어보았다. 가로로 누운 길과 음악, 집과 집 사이에 구멍이 있다.

옆으로 기울어져서 잠이 들었다. 잠이 들어 옆으로 기울어진 당신과 마주쳤다. 바라보다 음악,

꿈에서 깨지 않는 귀와 음악,

쓰러뜨리지 않으려고 꽃병을 옆으로 뉘어 놓았다. 꽃은 없고, 꽃병엔 구멍이 있다.

시, 가로줄을 세어보았다.

26

내가 가진 가장 약한 것

그녀와 나는 다시 여행을 떠났다. 여행가방 속에는 기타가 들어 있었다. 그 기타는 예전의 기타가 아니었다. 기타는 칠 수 없고, 하지만 부드럽고, 출렁이고, 소리가 나는 물사물이다.

사람들이 강으로 가고 있었다. 거기 뗏목이 있었다. 강을 건너야 했다. 국경을 넘어야 했다. 그녀와 나는 단지 여행을 떠나고 있었다.

"여행가방은 필요 없어."

뗏목 앞에서 사람들이 말했다. 그들에게 여행가방은 무겁고, 한 사람의 자리를 차지하는 물건이었다. 뗏목은 작아서 많은 사람이 타지 못했다. 겨우 탄 사람들도 가다가 뗏목이 뒤집혀 죽는 일이 많았다. 엄마와 딸이 손을 놓쳤고, 형과 동생이 손을 놓쳤고, 소녀와 죽은 아빠가 손을 놓쳤다. 강 하구엔 아이의 시신이 떠내려 오기도 했다.

그녀와 나는 강에서 돌아섰다. 여행은 계속되었다.

강에서 오는 사람들이 있었다. 그들은 살던 마을로 돌아가고 있었다. 집들이 불에 태워지고, 아이들과 여자들이 불에 던져지고, 사내들이 총과 흉기로 살해된 곳으로, 마을 전부가 잿더미가 된 곳으로,

거리에 아직 사람이 쓰러져 있는 곳으로,
아직 밀밭이 푸른 곳으로,
아직 수풀 속에 소녀가 숨어 있는 곳으로,

그녀와 나는 사람들과 함께 움직였다. 여행가방이 부풀었다.

우리는 강을 등지고 걸었다. 강에는 사람들이 아슬아슬하게 떠 있었다. 그 강물 빛이 우리의 등을 물들이고

있었다. 우리는 그들이 돌아올 수 있도록 마을로 가는 길을 만들어야 했다. 거기 가서 살아야 했다.

멀리 마을이 보이고 곧 밤이 되었다. 우리는 바닥에 누워 눈을 붙였다. 귀가 바닥에 닿았을 때 그녀가 여행가방을 열었다. 우리는 음악 소리를 들었다.

아침에 눈을 떴을 때 우리 앞에는 병력이 배치돼 있었다. 병력은 얼굴이 드러나지 않는 거대한 철벽이었다. 철벽이 마을로 가는 길을 막고 있었다. 우리는 길을 비켜달라고 말했다. 철벽은 우리를 밀어붙였다. 우리는 마을로 가서 살겠다고 말했다. 철벽은 계속 우리를 밀어붙였다. 소녀를 구하자고, 우리는 외쳤다. 철벽은 세게 우리를 밀어붙였다.

우리는 밀렸다. 지저분하고 악취가 나는 곳으로, 사물들의 꿈이 버려진 곳으로, 쓰레기장으로.

우리는 쓰레기와 같은 자리에 있었다. 우리는 처치곤란한 것이었다. 곤란한 말, 곤란한 의상, 곤란한 피부색, 곤란한 몸짓이었다.

철벽이 계속 우리를 밀어붙였다. 그녀와 나는 여행가방을 붙들었다. 우리가 가진 것을 생각했다. 아직 꿈꿀 수 있는 것.

그녀가 여행가방에서 기타를 꺼냈다.

우리는 기타와 춤을 추었다.

철벽이 쿵쿵 다가왔다.

춤이 넘어졌다.

그녀가 여행가방에서 다시 기타를 꺼냈다.

우리는 기타와 노래를 불렀다.

철벽이 구령을 붙였다.

노래가 망가졌다.

그녀가 여행가방에서 다시 기타를 꺼냈다.

기타가 마을을 향해 날아갔다.

철벽이 기타를 향해 총구를 겨누었다.

우리는 바닥에 엎드려서 총소리를 들었다. 누구도 일어서지 못했다. 그녀와 나는 우리가 가진 것을 생각했다. 그때 여행가방이 벌어졌다. 그 속에서 사물들이 나오기 시작했다. 깡통, 페트병, 우산, 구두, 모자, 상자…… 쓰레기로 불리는 것들. 하지만 거친 사물의 옷을 벗고 부드러운 것들, 춤추고 노래 부르고 날아가는 물사물들.

철벽이 다시 우리를 밀어붙였다. 그녀와 나는 철벽 앞에 물사물을 들이댔다. 철벽은 꿈쩍하지 않았다. 그녀와 나는 계속 물사물을 들이댔다.

철벽 앞의 물사물이란 힘이 없고, 아무 소용이 없고, 뭔지 알 수 없고, 그래서 말이 안 되는 것.

하지만 나는 계속 물사물을 들이댔다. 힘이 없고, 아무 소용이 없고, 뭔지 알 수 없고, 그래서 말이 안 되는 것을.

내가 가진 가장 약한 것을.

생활에 놓인 그것을.

그것을 쓰는 생활을.

시,

꿈꾸는 물사물을.

27

물의 옷을 짓는 여자들

철벽은 물사물들을 뭉개버렸다. 물사물들은 산산조각이 났다. 버려진 사물이 되었다. 철벽은 우리를 뭉개버렸다. 우리라는 여자들을 뭉개버렸다. 여자들은 바닥에 쓰러졌다. 벗겨진 알몸이었다.

물안경은 빛을 잃고 바닥에 나뒹굴었다. 여행가방은 쓰러지고 더 이상 움직이지 않았다.

그녀와 나의 여행은 시와 시 사이를 걷는 여행. 물안경이 반짝이고 여행가방이 움직이는 여행. 달 위에 사물을 올려놓는 여행. 어긋나고, 미끄러지고, 쓰러져도, 꿈의 말을 찾아가는 여행.

쓰러져서도 움직이는 몸이 있었다. 여자들이 손끝을 움직여 물의 옷을 짓기 시작했다. 물의 옷은 생겨나며 출렁였다. 여자들은 물의 옷을 서로의 알몸에 입혀주었다. 함께 출렁였다.

물의 옷은 희미하고, 사라질 듯하고, 하지만 부드럽고, 출렁이고……

그녀와 나도 손끝으로 물의 옷을 지었다. 물의 옷을 버려진 사물에 입혔다. 사물들은 살아나 물사물이 되었다.

철벽 앞에 우리는 물의 옷을 들이댔다.

철벽은 꿈쩍하지 않았다.

우리도 꿈쩍하지 않았다.

폭력 앞에 물의 옷을 들이댔다.

물안경이 반짝였다.

여행가방이 움직였다.

28

물대포

들판으로 가려는 한 남자가 있었다. 늙고 야윈 농민이었다. 그는 철벽 너머의 마을로 가야 했다. 거기 아직 푸른 들판이 있었다. 들판에는 밀이 자라고 있었다. 그는 밀을 키우겠다고 했다.

그가 철벽을 밀며 앞으로 나아갔다. 사람들이 함께 앞으로 나아갔다. 그녀와 나는 여행가방과 함께 움직였다.

한순간 철벽은 숨겨놓았던 팔들을 일제히 뻗어 각도를 잡았다. 그리고 물을 쏘았다. 사람들을 향해 물을 쏘았다. 사람들이 휘청거렸다. 물을 쏘았다. 바닥은 겨울. 물을 쏘았다. 사람들이 뒤로 밀렸다. 그가 앞으로 나아갔다. 물을 쏘았다. 그가 휘청거렸다. 물을 쏘았다. 그가 쓰러졌다. 물을 쏘았다. 물을 쏘았다.

어느 해 11월, 차가운 날. 서울 도심에서 시위를 하던 농민이 쓰러졌다. 경찰이 쏜 물대포에 맞아 쓰러졌다.

그는 쓰러져 얼어붙었다. 사람들이 그를 바닥에서 일으키려고 했다. 하지만 얼어붙은 그는 바닥에서 떨어지지 않았다. 그는 얼음 속에 들어가 있었다.

그녀와 나는 꼼짝하지 못했다. 우리의 여행가방도 얼음 속에 들어가 있었다. 끔찍한 물의 풍경이었다.

구급차에 그가 실려갔다. 꽁꽁 언 얼음인 채로 실려갔다. 병원에 가서도 그는 얼음 속에서 나오지 못했다.

우리는 얼음 속에서 그가 깨어나기를 바랐다. 얼음 밖으로 그가 나오기를 바랐다.

철벽은 그대로 그날의 자리에 있었다. 사람들은 철벽 앞에 다시 섰다.

그녀와 나도 철벽 앞에 다시 섰다. 그녀와 나 사이엔 여행가방이 놓여 있었다. 아직 얼음 속이었다. 하지만 여행가방은 물랑하게 움직이기 시작했다.

그녀와 나는 철벽을 뜯어냈다. 뜯어지지 않는 철벽을 계속 뜯어냈다. 뜯어내서 날랐다. 날라서 뭐라도 만들었다. 가령 이런 것. 피아노, 기타, 호른, 트럼펫, 실로폰, 종, 징……

물사물을 만들었다. 철벽을 뜯어내서, 날라서, 연주하기 위해.

그녀와 나는 폭력의 반대쪽으로 철벽을 옮겼다. 옮겨지지 않는 철벽을 계속 옮겼다. 철벽에 물의 옷을 입혔다. 계속 옮겼다. 악기를 만드는 꿈.

하지만 철벽은 물을 쥐고 다시 각도를 잡았다. 사람을 향해 물이라는 무기를 들이댔다. 그대로 밤이었다. 그대로 바닥은 겨울이었다.

이 어둠 속에서 시를 말하는 건 어떨까. 신경을 곤두세우고서.

여기, 꿈의 경계에 한 사물을 놓으며.

물대포,

발명하지 말아요.
밀밭은 푸르고 고요에 잠겼어요.
비가 밀밭으로 갈 때
그 물을 잡아 포구를 만들고 각도를 잡고
대포를 발명하지 말아요.
시인들이 물로 온갖 사물을 만들어내고
풍선처럼 시를 날려도
풍선처럼 터지는 시의 몸을 안고
쓰러져도
어두운 곳으로
상상이 밤새 물을 몰아가도
물을 오해하지 말아요.
물로 사람을 쓰러뜨리지 말아요.
물의 입을 찾고 그 입으로
부는 악기
출렁이는 밀밭
바람이 물방울을 몰고 밀밭으로 갈 때

그 작은 물방울을 잡아
쇠에 넣고 쾅 터트리는
대포를 발명하지 말아요.

29

달빛물안경

달빛, 사물이 놓여 있다.

물, 물빛에 옷을 벗었다.

안경, 물속으로 들어가는 말이다.

달빛물안경, 반짝이다.

다시 달빛, 여자가 알몸으로 있다.

물, 차였고 당했고 벗겨졌고, 하지만 알몸에 물의 옷을 지어 입는 여자다.

안경, 물결에 놓인 말이다.

달빛물안경, 출렁이다.

다시 달빛, 물사물과 여자들이 있다.

물, 이미지 속에는 물사물이 있고, 여자들의 몸부림

인 물의 몸이 있다. 물사물과 물의 몸은 서로에게 입을 벌린다.

안경, 말로 꾸는 꿈이다.

달빛물안경, 환하다.

다시 달빛, 여자들이 있다. 버려지고 외면된 타자들이다.

물, 물의 옷은 희미하다. 보일 듯 말 듯하다.

안경, 물로 꾸는 꿈이다.

달빛물안경, 부드럽다.

다시 달빛, 여자들이 쓰러져 있다.

물, 물의 옷은 약하다. 약한 말이다.

안경, 약한 사물이다.

달빛물안경, 흔들리다.

다시 달빛, 사물들은 거칠다. 폭력을 휘두르는 손에 쥐어져 있다.

물, 물의 옷을 사물에 입히다.

안경, 물사물을 꿈꾸다.

달빛물안경, 옮기다.

다시 달빛, 테이블이 놓여 있다.

안경-피해망상, 나는 방금 태어났는데 박해 받는 여성이었다. 나는 방금 고백했는데 폭행 당하는 여자였다.

안경-환청, 방에 물이 차는 소리가 들렸다. 물속에서 기타 치는 소리가 들렸다. 닥치라는 소리가 들렸다.

다시 달빛, "안경 좀 벗어봐요." 테이블 맞은편에 앉은 남자가 말했다. 안경을 벗은 얼굴이 더 예쁠 것 같다고 했다.

다시 달빛, 나는 시를 쓴다고 말했다.

물, 안경을 벗으면 아무것도 안 보인다.

물, 안경을 벗으면 아무 소리도 안 들린다.

다시 달빛, 폭력이 난무하는 밤이다.

물, 부질없는 것에 '물'을 붙이고, 죽어가는 것에 '물'을 먹인다.

안경, 살아 있음을 간신히 증명하려는, 동시에 증명할 수 없음을 밝혀야 하는 말이다.

물, 물의 옷은 알 수 없다. 아무것도 아니다.

다시 달빛, 당신이 쓰러지는 밤.

물, 꿈.

안경, 폭력 앞에 놓인 당신을 안으려는 발화다.

달빛물안경, 폭력의 반대쪽으로 사물들을 옮기다.

30

나의 아름다움을 훼손하지 마라

있는 그대로, 그녀는 아름다움을 썼다.
창가에서의 몸부림, 그녀가 가진 달빛의 전부.
흐린 눈을 잠재울 수 없어
있는 그대로, 그녀는 슬픔을 썼다.
힘이 힘에 힘을 주어서
달빛과는 먼 이야기
있는 그대로, 공포를 썼다.

그녀는 쓴 것을 법정에서 읽어야 했다.

피고인석엔 시인처럼 소설가처럼 그들이 앉아 있었다.

슬픔이 정말 슬픔인지
공포가 과연 공포였는지
그들이 물었다.
그 아름다움이라는 것을 설명해 봐라.
그들이 소리쳤다.
달빛을 데려와라.
판사가 명령했다.

달빛을 끌고 가는 슬픈 여자가 있었다.

말들이 다 떠난 밤에
어둠만이 책을 쓰는 캄캄한 밤에
쓰러지는 것들의 길가에
고요히
접힌 부분이 다 펴지는
꽃송이,
달빛의 전부.

31

면도날

그녀와 나는 쓰레기더미 속에서 눈을 떴다. 우리는 이것이 악몽이라는 것을 안다. 또한 이것이 여행이라는 것을 안다.

여행가방이 벌어졌다. 말에서 말로 이동하는 형식, 말에 머무르는 한계, 말로밖에 건드릴 수 없는 현실. 그녀와 나는 이것을 알고 있다.

쓰레기더미 속에서 무엇을 찾을 수 있을까.

그녀와 나의 여행은 물랑으로 문을 두드린다. 물랑물

랑, 문을 두드리는 소리와 함께 문이 열리고 동시에 사라지는 시. 문 안쪽엔 꿈의 말들이 있고, 그 문을 계속 두드리며 걸어가기.

소녀가 자루를 끌며 쓰레기를 줍고 있었다. 맨발이었고, 종아리까지 검은 물이 올라와 있었다.

그녀와 나는 소녀를 따라갔다. 쓰레기가 쌓여 산을 이룬 곳에 많은 소녀들이 있었다. 소녀들은 자루에 쓰레기를 주워 담으며 걸어가고 있었다.

면도날, 그것이 반짝였다. 한 소녀가 면도날을 밟고 쓰러졌다. 그녀와 나는 소스라쳤다. 또 한 소녀가 면도날을 밟고 쓰러졌다. 우리는 소스라쳤다. 소녀들이 계속 쓰러졌다. 산이 점점 커지고 소녀들의 비명이 커졌다. 이 악몽은 언제 끝나는가.

할례를 피해 난민으로 한국에 온 라이베리아 소녀가 있었다.

그녀와 나는 어느새 소녀가 되어 있었다. 쓰레기를

주워야 했고, 맨발이었고, 발밑에는 면도날이 있었다.

여행가방이 벌어졌다. 악기라면 소리가 나지 않고, 꽃병이라면 이미 깨진, 하지만 물송이처럼 그녀와 나의 입이 벌어졌다.

"나의 아름다움을 훼손하지 마라."

문을 두드리는 소리, 물랑물랑과 함께.

면도날과 물비행기,

눈을 감았다가 뜨면 물비행기가 나타났다.
실처럼 가볍고 가느다란 비행기.
소녀는 쓰레기 속에 발이 빠졌다.
엄마는 쓰레기들을 헤치고 태어났다는데
평생 도망쳤다는데
반짝이는 비행기에 타지 못했다.
소녀도 태어나면서부터 도망쳤다.

쓰레기들을 헤치고 헤쳤다.

쓰레기들은 점점 쌓여 산을 이루었다.

꼭꼭 숨겨진 면도날 이야기는

소녀들의 몸을 찢었다.

이야기의 맨 꼭대기에 있는 남자가

면도날을 들고 찾아왔다.

소녀는 도망쳤다.

쓰레기 속을 달렸다.

쓰러졌다가 깨어나면 눈앞에 물비행기가 떴다.

소녀는 손을 뻗었다.

쓰레기산엔 비행기가 앉지 않는다고

경고 사이렌이 울렸다.

면도날이 반짝였다.

소녀는 도망쳤다.

도망쳐도 도망쳐도 쓰레기 속이었다.

별들이 물송이로 떨어지는 밤,

물송이 벌어지는 밤,

발이 공중으로 떠오르고

꿈에 보이는 문자.

소녀는 비행기에 탔다.

환한 밤의 물비행기.

소녀는 날아갔다.

32

걸레

"네 성격에 화분도 죽는다."

엄마가 나에게 한 말이었는지, 누군가 나에게 한 말이었는지, 내가 나에게 한 말이었는지, 모르겠다.

나는 화초를 키우지 않는다. 키우면 다 죽는다. 방에는 화분이 없다. 화분도 죽는다.

어쩌다 선물 받은 화분에는 잔뜩 신경이 쓰인다. 죽일 것만 같아서 조마조마하게 지나는 시간은 짧다. 건조한 시간이 길고, 어느새 보면 화분은 죽어 있다.

화초가 죽은 것을 화분이 죽었다고 말하는 것. 나는 사물에 괜히 숨을 붙이는 걸까.

20대 중반에 잠깐 근로자아파트에서 산 적이 있다. 중랑구에 있던 그 아파트는 여성 근로자들이 관리비만 내고 머물 수 있는 곳이었다. 하나의 방을 둘이 써야 하는 기숙사 같은 곳이었다.

내 방엔 두 명의 룸메이트가 살다가 나갔는데, 그때 나는 그들을 힘들게 했다. 그들에게 나는 너무 까다롭고 예민한 사람이었다. 말이 없고 차가운 사람이었다. 그래서 그들은 숨이 막혔을 것이다.

그들의 이름은 기억나지 않는다. 하지만 그 표정은 떠오른다. 얼굴의 표정이 식물로 자란다면, 내가 죽였을 그 식물의 표정.

어쩌다 선물 받은 화분이 죽은 것을 보면 그때 룸메이트들이 생각난다. 그들은 정말 근로자였는데! 백화점에서 종일 서 있거나, 학습지를 들고 저녁 늦게까지 돌아다녔는데. 그때 나는 아르바이트를 조금 하다가 말다가, 투고를 한다고 시를 쓰다가 말다가, 멍하게 지내던 시절이었는데.

여자들이 여럿이 사는 그곳에서도 정적이 흐를 때가 있었다. 누군가 욕실에서 샤워기를 틀어놓고 오랫동안 밖으로 나오지 않을 때, 물소리에 모든 것이 잠길 때, 누군가 아주 깊이 잠이 들 때.

첫 시집 속엔 「나랑 살던 여자」가 나온다. 안산에서 혼자 자취를 할 때, 나는 침대 매트를 시로 쓰기 위해 어떤 여자를 상상했었다.

나랑 살던 여자,

집에 물이 차서 침대가 카스텔라처럼 젖다.
2인용 침대 매트를 혼자서 옥상으로 나르다.
옥상에서 떨어져 죽은 여자를
다시 옥상으로 끌고 올라가다.

상상의 여자는 그때의 내 방을 기억하는 여자다. 여름밤이었고 폭우가 쏟아졌고 반지하였고 물이 찼고 물속을 걸었고, 그 물이 다 마르지도 않은 밤에 창문을 넘어온 사내가 있었고 창가에서 화분이 쓰러졌고, ……기억이 지워지지 않아서 한 번 죽었던 여자.

사물 속에서 그 여자를 끌어내야 한다. 물사물을 쓰는 방식으로, 상상의 여자를 안아야 한다.

햇볕이 좋은 날이었다. 걸레가 옥상으로 올라갔다. 나는 걸레와 한 교실을 썼고, 한 직장에 있었고, 한 길가에 있었다.

한 교실을 썼던 사람들이, 한 직장에 있었던 사람들이, 한 길가를 지나갔던 사람들이 옥상으로 올라갔다. 걸레를 따라갔다. 아니, 걸레를 옥상으로 몰고 있었다.

그녀가 급하게 나타났다. 나는 얼른 물안경을 썼다. 그녀와 나는 여행가방을 끌고 옥상으로 올라갔다.

"옮기자."

그녀와 나는 한 여자를 옮겨야 했다.

어쩌다 선물 받은 화분이 죽은 것을 보면, 그때 같이 누워 있던 여자가 생각난다. 밖에서 '걸레'라는 말을 붙이고 와 수면제를 먹고 잠이 들었던…… 예쁜 여자.

여행가방은 벌어지고,
하지만 난간 아래로 떨어질 듯 아슬아슬하고,

하지만 물랑물랑하고,

물걸레와 옥상,

떨어져라, 떨어져라, 미는 바람을 잡았다. 웃는 바람을 놓았다. 다시 잡았다. 놓았다. 장난, 당신들은 웃으면서 민다.

걸레를 입에 담고 당신은 신사, 말끔한 남자, 향기 나는 숙녀, 새하얀 여자, 근엄한 아저씨, 바른 아줌마.

난간, 한 여자가 몰리고 한 소녀가 죽으러 가고 그 작은 아이도 아래를 내려다보는, 난간.

물이 계단을 올라가고 위로 흐르고 계단은 계단이 아니다. 물이 옥상을 안고 위로 날고 옥상은 옥상이 아니다.

물이 집 안으로 들어가 소파를 적시고 소파 위에 앉은 남자들과 여자들을 적시고 소파가 아닌 소파 위에서 입이 아닌 입, 귀가 아닌 귀, 물소리를 듣는 액자 아닌 액자와 입을 벌리는 벽 아닌 벽.

커튼을 젖히고 밀쳐놓은 치마와 여자를 젖히고 걸레는 걸레가 아니다.

33

상자

도시에서 인터넷이 연결된 방에 불이 켜질 때, 어두운 방 하나. 구덩이.

어린 왕자가 들여다보았던 상자를 나도 들여다보았다. 어린 왕자의 눈엔 양이 보였지만, 내 눈엔 소녀가 보였다.

어느 날 안개가 집으로 들어오고, 부연 안개 속에서 책 한 권이 벌어졌다. 그리고 소녀가 찾아왔다. 그 책은 생텍쥐페리의 『어린 왕자』였고, 그 소녀는 그 책 속에서 나온 소녀였다.

"얘야, 그 책 속엔 소녀가 나오지 않아."

『어린 왕자』를 여러 번 읽은 내가 말했다.

"나는 그 책 속에 있었어. 그런데 아무도 나를 써 주지 않았지. 그래서 안 보였던 거야. 나를 써 줘!"

소녀는 안개를 끌고 어느 섬, 방에 틀어박혀 있는 작가를 찾아온 것이었다.

왜 소녀일까. 왜 『어린 왕자』엔 소녀가 나오지 않을까.

왜 여성일까. 나는 왜 여성을 쓰려고 할까. 왜 물 이미지와 여성일까. 왜 자꾸 물사물을 만들어대는 걸까. 왜 집요한가.

나는 『어린 왕자』 속에 있는, 아무도 써주지 않아서 보이지 않았던 그 소녀를 쓰기로 했다. '소녀를 위한 물 동화'를 쓰기로 했다.

상자를 들여다보다가 그 어두운 공간이 구덩이라는 것을 알았다. 그 구덩이 속에 소녀가 있었다.

그녀가 여행가방을 끌었다. 안개가 걷히고 책은 벌어지지 않는 날이었다. 그녀와 나는 그 구덩이를 찾아 나섰다. 그 구덩이 속에서 소녀를 꺼내야 했다. 꿈의 말, 그것을 소녀가 가지고 있을 테니까.

물랑물랑, 두드렸다.

물꽃뱀상자,

소녀는 상자 속에 손을 넣고 기다렸다.
엄마가 물어준다면, 야호! 소리를 지를 텐데.
소녀도 말을 물 텐데.
꽃망울처럼 말을 터뜨릴 텐데.
소녀는 엄마와 살던 마을을 접어서
종이배로 띄웠다.

물이 멀리 흘러갔다.

소녀는 상자 속에 손을 넣고 다녔다.

물어주세요, 엄마.

새로 살게 된 마을에서도

사람들은 소녀를 알이라고 생각했다.

알 속에 꽃뱀을 품고 있을 거라고.

알에서 나와 꽃뱀으로 돌아다닐 거라고.

엄마가 쫓겨난 마을과

소녀가 숨어서 사는 마을이 겹쳤다.

물어주세요, 엄마.

소녀는 상자 속에 손을 넣고 다녔다.

그게 뭐니?

사람들이 소녀가 사는 구덩이를 찾아냈다.

이건 밤이에요.

소녀가 상자를 흔들었다.

밖으로 나오렴.

사람들이 손을 내밀었다.

이건 꽃이에요.

소녀가 상자를 흔들었다.

사람들이 고개를 가로저었다.

이건 뱀이에요.

소녀가 상자를 흔들었다.

사람들은 구덩이를 메웠다.

34

당신의 물사물은 무엇입니까

꿈에 대한 이야기입니다.

아픈 곳 가까이 있는 사물.
오늘 상상은 물이어야 합니다.

말을 손처럼 쓸 수 있습니다.
손에 쥘 사물처럼 말을 쓸 수 있습니다.

나는 당신의 아픈 곳에 얼마나 가까이 있나요?
나의 말이 아프지 않나요?
나의 사물이 아프지 않나요?

가까이 아프지 않은 말, 사물.
오늘 상상은 물이어야 합니다.

당신은 나의 아픈 곳에 가까이 있습니다.
당신이 발명한 사물에 빠져듭니다.

사랑에 대한 이야기입니다.

사물만 있고 물이 없는 곳에 소녀가 버려져 있습니다.
물이 다 마른 강에서 여자가 사물을 물에 띄우고 있습니다.
소녀 옆에서 나의 물은 약한 것입니다.
여자에게 나의 물은 희미합니다.
하지만 계속 써야 할 나의 물입니다.

여성에 대한 이야기입니다.

가까이 아픈 말, 사물.
오늘 상상은 물이어야 합니다.

당신은 멀어집니다.
멀어지며 시작하는 말입니다.

이별에 대한 이야기입니다.

악기를 아주 멀리 옮기고 싶습니다.
물악기를 연주하고 싶습니다.

길가에 주저앉은 그녀는, 그는 물방울을 옮기는 중입니다. 보이지 않는 그 물방울은 비가 올 때 그들의 등에서 튀어 오릅니다.

같이 옮길까요?

비가 오면
우리도 주저앉는 길가에서

상자에 물방울을 달고
옮겨서 물악기를 만들까요?
옮기며 물악기 소리를 상상할까요?

꿈에 대한 이야기입니다.

주저앉은 나무가 있습니다.
가까이 가서 보니 주저앉은 사람입니다.
가까이 가서 보니 주저앉은 말입니다.

말을 일으키면 사람이 일어날까요? 나무가 일어날까요?
다시 주저앉는 말입니다.

달 위에 사물을 올려놓는 밤입니다.
어긋나고, 미끄러지고, 쓰러지는 말의 일을 붙들고 있습니다.
버려진 소녀의 머리 위에, 쓰러진 여자의 가슴 위에 놓일 달빛 사물.

오늘 상상은 물이어야 합니다.

달을 바라보고 있습니다.
달 위에 올려놓을 사물을 손에 쥐고 있습니다.
올려놓으면 어긋나고, 미끄러지고, 쓰러지는
하지만 부드럽고, 가볍고, 향기로운,

꿈에 대한 이야기입니다.

35

고무줄총

저녁을 먹으러 편의점으로 들어갔다. 컵라면을 고르고 삼각김밥을 골랐다. 창가의 테이블에서 라면이 불을 때까지 기다렸다. 저녁이었다. 어둡고, 아는 사람이 없고, 어둡고, 낯선 동네고, 어둡고, 언제나 익숙하고, 어둡고, 혼자이고, 연희동이었다.

나는 핸드폰을 꺼내 메모장을 열었다. 그리고 손끝으로 뭔가를 썼다.

소녀가 편의점 안으로 들어왔다. 긴 머리를 하나로 묶은 작은 소녀. 한참 서서 밥을 골랐다. 도시락과 김밥에 여러 번 손이 가더니 컵 용기 하나를 집어 들었다.

물을 부어서 먹는 즉석 북어국이었다.

왜 북어국일까. 밥도 없이.

나는 불은 라면을 먹고 있었다.

소녀는 계산대 위에 북어국을 내려놓고 천 원짜리 지폐를 내밀었다. 종업원은 몇백 원이 부족하다고 말했다. 소녀는 북어국이 있던 진열대를 가리키며 손으로 뭔가를 말했다. 수화였다. 종업원은 잠시 당황하다가 입 모양을 크게 해서 목소리를 높였다. 소녀는 계속 수화를 썼다. 종업원은 손가락 몇 개를 펴 보였다. 하지만 실랑이는 계속 되었다.

나보다 먼저 한 청년이 계산대로 다가갔다. 값을 대신 치르겠다며 청년이 카드를 내밀었다. 나는 무엇을 내밀었나?

여행가방이 놓였다. 라면을 먹는 내 옆에 그녀가 나타났다.

종업원이 카드를 받아들었다. 그때 소녀는 천원을 주머니에 넣고 밖으로 나가버렸다. 북어국은 그대로 둔 채.

나는 슬그머니 소녀를 따라갔다. 툭, 소녀의 머리에서 고무줄이 끊어졌다. 순간 소녀가 달렸다. 무엇에 놀란 듯이 막 달려갔다. 머리가 길게 풀어졌다. 골목이었다. 그녀와 나는 소녀의 긴 머리카락을 따라 여행가방을 끌었다.

소녀에게 다가가 수화를 하고 싶었다. 손끝으로 말을 걸고 싶었다. 밥을 물어보고 싶었다. 하지만 나는 수화를 할 줄 몰랐다.

여행가방이 벌어지고, 손끝에 물송이를 매달아볼까.

풀어헤쳐진 소녀의 머리가 길게
길게
골목은 늘어나고
길게
저녁.

물송이가 날았다.

소녀가 버려진 화분과 달렸다.

소녀가 내놓은 가구와 달렸다.

물송이가 날았다.

모퉁이를 돌았다. 고무줄이 날아왔다. 중학교 교복을 입은 남자아이들이 까르르 웃으며 달려왔다. 한 아이가 도망치고 있었다. 아이들이 그 아이에게 고무줄총을 쏘고 있었다. 손끝에서 팽팽하게 당겨진 노랑 고무줄이 날아갔다.

"다치겠다."

나는 아이들을 따라갔다. 골목이었다. 아이들은 까르르 웃으며 달렸다. 혼자인 아이가 세게 달아났다. 아이들이 세게 고무줄총을 쏘았다.

"그만해."

작고 딱딱한 말은 아이들 귀에 닿지 않았다. 나는 물송이를 썼다.

아이들이 달렸다. 물송이가 날았다. 아이들이 고무줄

총을 쏘았다. 물송이가 날았다.

옮길 수 있을까. 팽팽하게 당겨진 고무줄을.

물송이가 날았다.

그 총을 옮길 수 있을까.

물송이가 날았다.

아이들이 모퉁이로 사라졌다. 나는 얼른 모퉁이를 돌았다. 아이들이 사라지고 없었다.

다시 골목이었다. 소녀가 달리고 있었다. 무엇에 놀라 저렇게 달리는 걸까. 나는 소녀를 따라갔다. 물송이가 날았다. 소녀가 나무를 향해 달려갔다. 나무의 어둠 속으로 소녀가 쏙 사라졌다. 물송이가 날았다. 물송이가 날았다.

나무 위에 물송이들이 매달렸다. 소녀가 나무를 올려다보았을까? 나무에서 물송이들이 흔들렸다. 반짝반짝 환하게, 그날 나의 수화.

골목엔 물안경과 여행가방이 놓여 있었다.

36

물안경과 푸른 귀

내가 쓴 안경은 한 겹의 물이다. 이 한 겹의 물로 꿈의 말을 찾을 수 있을까. 나의 귀는 물빛에 잠겨 푸르다. 이 푸른 귀로 거친 말들을 옮길 수 있을까.

1.

새 한 마리를 옮기고 바람은 귀를 가졌다.

안개를 옮기고 아침은 하얀 귀를 가졌다.

나무 한 그루를 옮기고 한낮은 기다란 귀를 가졌다.

꽃잎 하나를 옮기고 햇빛은 반짝이는 귀를 가졌다.

저녁엔 귀가 울어서 나는 단어를 옮겼다.

다시 나무 한 그루를 옮기고 밤은 어두운 귀를 가졌다.

2.

아이가 울고 옷걸이는 점점 단단해졌다.

주먹질을 하는 방에선 기타가 점점 커졌다.

한 여자가 사라지고 티브이 소리가 커졌다.

소녀들과 장난감, 누군가 비명을 질렀다.

다락에 갇혔던 팔다리에선 자물쇠 잠그는 소리가 계속 났다.

계속 밤이었다.

귀가 울어서 나는 사물을 옮겼다.

37

시집들을 어디로 옮길까

나에게 가장 무거운 사물은 나의 시집들이다.

세 번째 바람이 왔으면 좋겠다.

숲에 갔을 때, 나무들이 걷는 길을 따라 걸을 때, 나는 왜 쓰는가, 꽃을 들여다볼 때, 첫 번째 바람이 오고, 어쩌면 나는 시를 쓰면 안 되는 사람일지 모른다, 그런 생각을 했다.

어딘가로 다시 떠나고 있었다. 가방을 싸고 있었다. 무엇을 옮겨야 할까. 어떤 단어, 명사 같은 것들을 붙들고 있었다. 언제든 벗어 놓을 수 있는 옷의 모양을 생각했다. 방을 빼야 했다. 그때 김현문학패 수상 소식을 알리는 전화가 왔다. 비가 내리고 있었다. 창밖으로 손을 내밀어 비를 쥐었다. 손바닥에 물방울 네 개가 놓였다.

연희동 골목을 걸었다. 카페로 들어가 커피를 마셨다. 비가 그치지 않아서 물방울 네 개의 소리를 들었다.

방에 돌아와 가방을 계속 쌌다. 나의 시집 네 권을 가방에 넣었다.

숲이 있다. 나만 아는 숲, 나만 갈 수 있는 숲, 하지만 알 수 없어서 무너지는 숲, 갈 수 없어서 꿈꾸는 숲.

나는 왜 쓰는가, 꽃을 들여다볼 때, 첫 번째 바람이 오고,

첫 번째 바람 속에선 첫 시집 이전의 풍경이 온다. 부풀 수 있는 것들이 아직 부푼다. 탁자에 둘러앉은 나의 젊은 선생님과 온화한 철학자. 우리는 시를 사이에 두고 있었는데…… 사이에 한 사람과 시의 풍경은 그리움

이 되었다.

2001년 『포에지』에 처음으로 시를 발표하고 편집위원 선생님들과 만나는 자리. 김혜순 선생님과 황현산 선생님, 그리고 우리들, 그 사이.

봄 내내 연희문학창작촌에 있었다. 집필실 안에선 늘 악몽을 꾸었다. 베개가 우는 꿈, 베개와 함께 소녀가 버려진 꿈을 꾸었다. 악몽은 내가 가진 단어들의 끔찍한 조합일까. 때로 현실로 똑같이 찍혀서 나오는 악몽.

봄 내내 나는 베개를 '물베개'로 옮겼다. 물 쪽으로 베개를 새로 쓰고, 다시 새로 쓰고, 물 쪽으로, 물 쪽으로……

숲에 갔다. 날아가는 새들을 따라 길을 헤맬 때, 나는 왜 쓰는가, 새소리만 듣자고 생각할 때, 두 번째 바람이 오고,

두 번째 바람 속에선 시집들이 계속 늘어난다. 세 번

째, 네 번째, 다섯 번째…… 그리고 계속 무거워진다. 나에게 가장 무거운 사물, 시집들. 옮길 수 있을까.

어떤 사물은 어둠 쪽에 있다. 어둠 속에서 빠져나오지 못한다. 어떤 사물은 폭력 쪽에 있다. 사람에게 향한다. 슬픔 쪽에서 어떤 사물은 움직이지 못한다. 사람을 붙들고 있다. (이게 단어 이야기라면, 말(언어) 이야기라면 시인은 세상에 있어야 한다.)

물은 방향일까. 움직인다. 어둠의 다른 쪽으로, 폭력의 반대쪽으로, 슬픔이 굳지 않는 어떤 쪽으로, 물은 움직인다. 그 물을 사물에 갖다 댄다.

달빛이 밝고 물로 옮긴 나의 물사물, 물안경. 나는 물안경을 쓴다.

숲에 갔다. 어딘가 소란스럽고 부드러운 몸짓, 여자들이 사물을 나른다. 우리는 숲에서 만난다. 나는 여자들의 말을 쓴다.

달빛과 물사물들.

세 번째 바람이 왔으면 좋겠다. 어딘지 모를 꽃을 들여다볼 때, 알 수 없는 새소리를 따라갈 때, 나는 왜 쓰는가, 물에 잠길 때,

시, 물의 몸을 가질 것이다.

시집 옮기기. 나는 어딘가로 다시 떠나고 있었다. 첫 번째 여자가 기억의 장롱 위에서 뛰어내렸다. 두 번째 여자가 여섯 시 방향에서 돌아섰다. 세 번째 여자가 피아노 위로 올라갔다. 네 번째 여자가 그 숲의 끝에 섰다.

비가 그치지 않았다. 나는 창밖으로 손을 내밀어 비를 쥐었다. 손바닥에 물방울 네 개가 놓였다.

물방울 네 개로 가장 무거운 사물을 옮겨보겠다.

38

물버스 정류장

불룩한 그림자를 끌고 여자가 왔다.
기다리며
나는 무심코 여자의 그림자를 밟고 있었다.
버스가 왔다.
여자가 불룩한 그림자를 떼어놓고 버스에 탔다.
버스가 떠났다.
기다리며
나는 불룩한 그림자를 들여다보았다.
가득 찬 쓰레기봉투였다가,
말이 없었다.
버스가 지나갔다.

불룩한 그림자를 다시 들여다보았다.

닭뼈와 플라스틱.

다시 들여다보았다.

닭뼈와 플라스틱을 머리에 얹고

소녀가 있었다.

담겨서,

말이 없었다.

기다리며

나는 불룩한 그림자를 몸에 붙였다.

잘 붙지 않았다.

말을 붙여보았다.

소녀는 물송이.

나도 물송이.

우리는 몸에서 물송이와 닮은 것들을 상상했다.

물빛으로 버스가 왔다.

거기 가나요?

물버스가 출렁였다.

나는 물버스에 탔다.

불룩한 그림자와 함께.

거기 가나요?

소녀가 물었다.

나는 출렁였다.

거기가 어딘지 알 수 없었다.

출렁였다.

거기가 어딘지,

어느 누구도 묻지 않았다.

어느 사물도 묻지 않았다.

39

구두4

말을 옮기고, 방을 옮기고, 밤을 옮기고 달빛은 반짝였다. 부드러운 모서리가 나타났다.

이 책엔 단 한 편의 시가 들어 있다. 그 시를 가져다 어디든 붙여도 좋다. 다만 사랑 앞에 붙이면 그 시는 다 잃는다. '다 잃는 시' 한 편을 길게 쓰고 걸었다.

끝에

계간 『발견』에 연재한 산문들을 모으고 더 써서 이 책을 묶었다. 산문을 쓰며 네 권의 시집을 들고 다녔다. 『기억이동장치』『오후 여섯 시에 나는 가장 길어진다』『물속의 피아노』『그 숲에서 당신을 만날까』에서 시들을 조금씩 가져다 썼다. 그리고 최근 계간지에 발표한 시들도 가져다 썼다. 이 가져다 쓰기는 뭐랄까, 풀어놓은 물감에 다른 색 물감을 섞는 것과 같아서 시들은 변형되거나 다른 곳의 리듬에 놓였다. 아니, 다른 곳의 리듬에 놓이길 바랐다.

묶고 보니 이 책은 정체가 모호해졌다. 산문집이라 하기도 그렇고, 산문시집이라 하기도 그렇고, 둘 다 아니라고 하기도, 둘 다라고 하기도 그렇다.

시를 가져다 산문을 쓸 때, 절대 시를 해설하지 말자고 마음먹었다. 시를 풀어서 산문으로 만들지 말자고 다짐했다. 하지만 쉬운 일이 아니었다.

산문과 시는 많이 부딪쳤다. 어색한 부분들이 생겨났고 그것은 장르의 경계였다. 그 경계에 '물랑'을 썼다. 그래서 이 책은 장르의 경계를 물랑물랑 지우는 작업이기도 했다.

시를 쓰는 일에 게을러질까봐 이 책에 '생활자'라는 말을 붙였다. 나의 생활에 놓여서 이 책이 물빛을 일렁였으면 좋겠다.

어설픈 원고를 성의껏 읽어주시고 격려해주신 황학주 선생님께 감사드린다. 그리고 애써 주신 발견 편집부의 모든 분들께 감사드린다.

2019년 봄, 신영배

시인의 사물 이야기

물사물 생활자

초판 1쇄 발행 / 2019년 5월 30일

지은이 / 신영배
펴낸이 / 황학주
펴낸곳 / 발견
디자인 / 송남숙
주소 / 서울시 중구 퇴계로 30길 24 삼익파크빌상가 101-1호
전화 / 02-2275-4212
팩시밀리 / 02-2278-4213

ISBN : 978-89-6879-044-7 03810

- 잘못된 책은 구입한 서점에서 바꿔드립니다.
- 책값은 뒤표지에 있습니다.
- 이 도서의 국립중앙도서관 출판예정도서목록(CIP)은 서지정보유통지원시스템 홈페이지(http://seoji.nl.go.kr)와 국가자료종합목록시스템(http://kolis-net.nl.go.kr)에서 이용하실 수 있습니다. (CIP제어번호 : CIP2019018837)